Das dynamische Vertriebsmindset

Philipp Metzger

Das dynamische Vertriebsmindset

Mit einer positiven inneren Haltung den Unternehmenserfolg sichern

Philipp Metzger
Hardthausen, Deutschland

ISBN 978-3-658-43384-0   ISBN 978-3-658-43385-7   (eBook)
https://doi.org/10.1007/978-3-658-43385-7

Die Deutsche Nationalbibliothek verzeichnet diese Publikation in der Deutschen Nationalbibliografie; detaillierte bibliografische Daten sind im Internet über http://dnb.d-nb.de abrufbar.

© Der/die Herausgeber bzw. der/die Autor(en), exklusiv lizenziert an Springer Fachmedien Wiesbaden GmbH, ein Teil von Springer Nature 2024

Das Werk einschließlich aller seiner Teile ist urheberrechtlich geschützt. Jede Verwertung, die nicht ausdrücklich vom Urheberrechtsgesetz zugelassen ist, bedarf der vorherigen Zustimmung des Verlags. Das gilt insbesondere für Vervielfältigungen, Bearbeitungen, Übersetzungen, Mikroverfilmungen und die Einspeicherung und Verarbeitung in elektronischen Systemen.
Die Wiedergabe von allgemein beschreibenden Bezeichnungen, Marken, Unternehmensnamen etc. in diesem Werk bedeutet nicht, dass diese frei durch jedermann benutzt werden dürfen. Die Berechtigung zur Benutzung unterliegt, auch ohne gesonderten Hinweis hierzu, den Regeln des Markenrechts. Die Rechte des jeweiligen Zeicheninhabers sind zu beachten.
Der Verlag, die Autoren und die Herausgeber gehen davon aus, dass die Angaben und Informationen in diesem Werk zum Zeitpunkt der Veröffentlichung vollständig und korrekt sind. Weder der Verlag noch die Autoren oder die Herausgeber übernehmen, ausdrücklich oder implizit, Gewähr für den Inhalt des Werkes, etwaige Fehler oder Äußerungen. Der Verlag bleibt im Hinblick auf geografische Zuordnungen und Gebietsbezeichnungen in veröffentlichten Karten und Institutionsadressen neutral.

Planung/Lektorat: Imke Sander
Springer Gabler ist ein Imprint der eingetragenen Gesellschaft Springer Fachmedien Wiesbaden GmbH und ist ein Teil von Springer Nature.
Die Anschrift der Gesellschaft ist: Abraham-Lincoln-Str. 46, 65189 Wiesbaden, Germany

Das Papier dieses Produkts ist recyclebar.

Geleitwort

Ich bin nicht meine Gefühle.

„Was man gern macht, das macht man gut!" Dieser Zusammenhang gilt, neben vielen anderen Bereichen, auch häufig im beruflichen Kontext. Und wer wünscht sich nicht, erfüllt und zufrieden von einem Arbeitstag nach Hause zu kommen? Unabhängig davon, ob Sie dieses Gefühl in der letzten Zeit erleben durften oder nicht, haben Sie wenig davon, wenn Sie nicht wissen, wie Sie diesen zufriedenen Zustand erreichen können und welche Stellschrauben Ihnen zur Verfügung stehen.

Sich die eigene Verfassung bewusst zu machen, einen Zugang zu den eigenen Emotionen und Bedürfnissen zu haben, ist – neben einer ausreichenden Versorgung auf physiologischer Ebene – der Schlüssel und die Voraussetzung zu persönlicher Weiterentwicklung und Zufriedenheit.

Doch gerät man schnell an Grenzen: Der Arbeitsplatz, die strukturellen oder formalen Gegebenheiten in der Firma oder auch die eigene Standhaftigkeit machen einem scheinbar einen Strich durch die Rechnung und lassen Sie sich nicht als sehr selbstwirksam erleben.

An dieser Stelle sarkastisch zu werden – auch wenn dies zunächst auf eine sehr witzige Art und Weise geschieht – kann bereits ein Hinweis auf eine Burn-Out-Symptomatik sein. Andererseits können Konflikte auch häufig durch Humor unterbrochen werden, wenn hierbei eine grundlegende Wertschätzung nicht verlorengeht. Dies gilt sowohl für den Umgang mit dem eigenen Chef, beruflichen Verhandlungspartnern oder – noch grundlegender – im Umgang mit sich selbst. Was ist also der Schlüssel dazu, einen Zugang zu seinen Emotionen zu entwickeln?

Gerade die aktuelle wirtschaftliche Situation, die durch einen technologischen Wandel, pandemiebedingte Belastungsfaktoren und eine Zunahme an psychischen Erkrankungen gekennzeichnet ist, führt auf vielen Seiten zu einer grundlegenden Dünnhäutigkeit und in der Folge zu einer massiven Zunahme von empfundener Belastung und psychischen Erkrankungen.

Zwischenmenschliche Konflikte entstehen meist aus einer Andersartigkeit verschiedener Personen und dem fehlenden Verständnis für den anderen und sich selbst. Hierdurch können die Grundbedürfnisse nach Bindung, Selbstwertschutz, Unlustvermeidung und Kontrolle über die Situation nicht erfüllt werden. Man ist frustriert. Das Problem dabei sind die unangenehmen Gefühle, mit denen wir uns – häufig ohne es zu wissen – identifizieren. Insbesondere dann, wenn die Emotionen weniger mit der aktuellen Situation als mit den frühen Prägungen zu tun haben, die nicht selten bis in die Kindheit zurückreichen. Schwierig sind meist nicht die unangenehmen Gefühle selbst, sondern die zugrunde liegenden Bewertungsmuster, die dafür zuständig sind, dass wir uns als Versager, ungenügend, unterlegen oder zumindest bedroht fühlen. Besonders ist dies der Fall, wenn diese Bewertungsmuster dazu führen, unseren Wert als Menschen zu mindern oder gar ganz infrage zu stellen.

Hier können die Bewusstwerdung und der „Blick von außen" auf das eigene Mindset helfen, diese Muster zu erkennen und sich so frei entscheiden zu können, ob ich den alten Mustern folge oder diese mich aktuell eher begrenzen. Es geht also darum, Prägungen nicht als Defizit zu verstehen, sondern das Wissen darum als Möglichkeit zu sehen, eigene Bedürfnisse wahrnehmen zu können und individuell Wege zu finden, mit diesen Eigenheiten umzugehen.

Je früher man in Situationen das eigene Mindset erkennt, umso besser ist es möglich, aufkommende Emotionen in das aktuelle Wissen der Persönlichkeit zu integrieren. Denn das Problem ist, dass Gefühle in einer bestimmten Intensität unsere Vernunft und den „klaren Verstand" blockieren und uns daran hindern, „wirklich frei" entscheiden zu können.

Wenn es bei Konflikten in mir und gegenüber anderen nicht nur um Gewinnen und Verlieren, Überlegen und Unterlegen geht, sondern darum, Verständnis und einen gemeinsamen Konsens zu finden, dann ist es möglich, neue Wege aufeinander zuzugehen. Denn das Kennzeichen einer selbstsicheren Person ist nicht, dass sie der Überzeugung ist, anderen etwas vorauszuhaben, sondern die Fähigkeit, sich mit den eigenen Schwächen zu akzeptieren und auf dieser Grundlage weiterzuentwickeln. Das lässt sich in allen beruflichen Feldern anwenden – auch im Vertrieb.

Michelfeld
Dezember 23

Lukas Tiedt
Diplompsychologe

Vorwort

Die letzten Jahre waren stark von Unsicherheit und dem Ausprobieren neuer Vertriebswege geprägt. Dieser Wandel löste ein Umdenken aus. Die konventionellen Wege im Vertrieb wurden überdacht. Neue Kundenkommunikationsformen wurden getestet und ausprobiert. Das Mindset im Vertrieb spielt mittlerweile eine zentrale Rolle. Wie wir denken, fühlen und handeln hat große Auswirkungen auf unseren Erfolg – beruflich wie privat.

In diesem Buch soll es nicht darum gehen, inwieweit technische Neuerungen, in welcher Form auch immer, notwendig sind. Der Einfluss des Mindsets wird hier ein wesentlicher Bestandteil für zukünftige Problemlösungen sein.

Es geht in diesem Buch darum, wie jeder persönlich diese Veränderungen mit einem passenden Mindset aktiv mitgestalten und damit auch die Zukunft verändern kann.

Es wird aufgezeigt, welche psychologischen Mechanismen hinter einem Mindset stehen. Dieses Verständnis wird dabei helfen zu verstehen, wie ein Mindset verändert werden kann. Dabei geht es zuerst um das individuelle Mindset und in einem weiteren Schritt um das

Mindset einer Organisation und der Führungskraft. Jeder Mensch hat einen Einfluss auf das persönliche Umfeld. Jede Entscheidung hat Einfluss auf die Menschen in unmittelbarer Nähe und jede nicht getroffene oder hinausgezögerte Entscheidung hat Einfluss auf den näheren Umkreis.

Im ersten Kapitel werden die Grundbegriffe Vertrieb und Mindset definiert. Zusammen bilden sie den Titel dieses Buchs und müssen nicht zuletzt wegen ihres unterschiedlichen Verständnisses grundlegend umrissen werden.

Wie entsteht aus Gedanken Verhalten? Wie werden neue Bilder und Verhaltensweisen geschaffen? Wodurch wird meine Beurteilung einer Situation beeinflusst? Um diese Fragen soll es in Kapitel zwei gehen.

Das dritte Kapitel behandelt das Thema der Routinen als Zentralbestandteil sowie Veränderungstool für das Mindset. Neben der Methodik geht es um die konkreten Inhalte Achtsamkeit und Skills.

In Kapitel vier wird das bis dahin Entworfene direkt auf den Vertrieb und das dazugehörige Mindset angewandt. Dazu zählen auch die Unternehmenskultur sowie über das Konkrete hinausgehende Zielsetzungen.

Kapitel fünf stellt den Change in einem Unternehmen als einen konkreten Anwendungsbereich vor, in dem sich die verschiedenen Arten von Mindset und angewandte Routinen auswirken. Dabei wird die Digitalisierung als aktueller die Unternehmen betreffender Change betrachtet.

Kapitel sechs beschäftigt sich mit der Emotion und Motivation als essenzielle Begleiter einer möglichen Veränderungsprozesses, der durch Routinen vorangetrieben werden soll. Hier geht es am Ende des Kapitels in die Praxis, indem konkrete Übungen an die Hand gegeben werden.

Diese Übungen finden sich separat aufgelistet in Kapitel sieben. Sie können auch unabhängig vor oder nach der Lektüre nachgeschlagen werden.

Im achten und letzten Kapitel beschreiben Experten in Interviews durch Statements und aus ihrer eigenen Erfahrung heraus, welchen Einfluss das Mindset auf sie hat.

Die Politik nennt es Zeitenwende. Aus meiner Sicht ist es der kontinuierliche Wandel einer hoch komplexen Welt.
Corona gilt als Wendepunkt – viele sprechen daher von einer Zeit vor und nach Corona. Seit 2020 beeinflusst dieser Virus unsere Wirtschaft in hohem Maß und wird dies auch weiterhin tun. Veränderungen in der digitalen Zusammenarbeit wurden durch diese Zeit stark beschleunigt. Kriege wie in der Ukraine und in Israel werden die Welt weiter nachhaltig verändern.

Die Wirtschaft in Deutschland ist mehr oder weniger nach dem zweiten Weltkrieg stetig gewachsen. Eine existenzielle Krise hat unsere Generation in Deutschland noch nicht erlebt. Gott sei Dank! Die letzten Monate waren für die Wirtschaft wohl eine der größten Herausforderungen nach 1945. Unser Lebensstandard, unsere Kommunikation und Mobilität haben sich stetig verbessert. Nun sehen die Zukunftsaussichten eher düster aus.

Ein altes Sprichwort sagt: Angst ist ein schlechter Berater. Aber welche Möglichkeiten haben wir, mit dieser Angst umzugehen? Was macht die Angst mit unserem Mindset?

Laut einer aktuellen Umfrage haben 72 % (2021: 52 %) der Geschäftsführer[1] Angst, ihre Position aufgrund der vorherrschenden Disruptionen in ihrer Branche zu verlieren. 94 % der Geschäftsführer sagen, dass sich das Geschäftsmodell ihrer Firma in den kommenden drei Jahren ändern muss. 57 % der befragten Geschäftsführer haben Sorge darum, dass die Firma sich nicht schnell genug an die neuen Herausforderungen anpassen kann (AlixPartners, 2022, S. 5).

In den Köpfen der Entscheider steht COVID-19 nicht an erster Stelle. Nur 3 % sagen aus, dass dies ihre Priorität 1 ist. 60 % der befragten Geschäftsführer sehen die digitalen Tools als größte Herausforderung, gefolgt von 46 %, die die schlechte Einführung der digitalen

---

[1] Für den *AlixPartners Disruption Index 2022* wurden über 3000 Personen aus 9 unterschiedlichen Ländern aus 10 unterschiedlichen Industrien befragt, mit den Kriterien: Geschäftsleitungsebene oder darüber, im Alter von 25-65, Umsatz > 100 Mio $, haben Einsicht in die Herausforderung des Marktes.

Tools als Herausforderung sehen. 78 % der Befragten sagen aus, dass digitale Anwendungen wichtig für das Überleben der Firma sind (AlixPartners, 2022, S. 23). Die Digitalisierung steht also im Spannungsfeld zwischen Angstmacherei und Innovationstreibern.

Das Coronavirus hat uns gezeigt, wie anfällig unsere Wirtschaft und vor allem unsere Gesellschaft ist. Auf einmal wurde die Homeoffice-Diskussion auf einer anderen Ebene geführt. Selbst die konservativsten Führungskräfte mussten nun ihren Mitarbeitern die Möglichkeit geben, von zu Hause aus zu arbeiten. Neben den technischen Herausforderungen, die es zu lösen galt, kamen veränderte Herausforderungen im Bereich Führung dazu. Die Folgen, die hieraus resultieren, sind vielschichtig.

Aktuelle Studien (Tödtmann, 2022) (Hinz & Mielke, 2023, S. 5) zeigt, dass die Bereitschaft, den Job zu wechseln, noch nie so groß war wie jetzt. Jeder vierte Beschäftigte ist auf dem Absprung. Diese Personengruppe ist also schon aktiv auf der Suche nach einer neuen beruflichen Herausforderung. Weitere 42 % sind offen für einen Wechsel. Zum ersten Mal ist die Wechselbereitschaft der Deutschen höher als die in den USA. Woher kommt das?

Viele Arbeitnehmer fühlten sich durch ihren Arbeitgeber während der Coronazeit im Stich gelassen. Anderen fehlte schlicht und einfach der Austausch mit den Kollegen im Büro, der Kaffee oder das Mittagessen in der Kantine (Tödtmann, 2022). Die sozialen Randbedingungen im Arbeitsumfeld haben sich drastisch verändert. Hier wurden die sozialen Aspekte der Arbeit vielleicht schlicht und einfach neben allen anderen Herausforderungen übersehen. Vielleicht haben sich auch durch die Pandemie die Prioritäten im Leben bei manchen Personen verändert. Karriere um jeden Preis ist möglicherweise nicht mehr das Ziel.

Wir leben in einer VUCA-Welt (Volatility/Unbeständigkeit – Uncertainty/Ungewissheit) – Complexity/Komplexität – Ambiguity/Mehrdeutigkeit). In den letzten Jahren gab es tiefe Einschnitte in das gesellschaftliche und soziale Leben durch Corona. Komplette Vertriebswege mussten neu gedacht werden. Als die Coronakrise sich langsam dem Ende zuneigte und das New Normal begann, gab es durch den Ukraine-Konflikt wieder neue starke Einschränkungen für

Firmen. Lieferketten konnten nicht aufrechterhalten, Bestellungen nicht abgearbeitet werden – Energiekosten schnellten in die Höhe. Die Komplexität an Problemen und Prozessen wird vermutlich weiterhin zunehmen. Neue Technologien werden unseren Alltag begleiten und immer mehr integriert werden.

Die Liste der Probleme ließe sich unendlich erweitern ... das löst aber nicht das Problem. Aber wie können wir uns an so schnelle und weitreichende Veränderungen anpassen?

Die Einstellung macht den Unterschied – das Mindset macht den Unterschied. Wenn ich im Folgendem von *Einstellung* spreche, geht es um eine langfristige innere Haltung, die zukünftig und dauerhaft besser mit Herausforderungen umgehen kann. Es geht darum, aktiver Gestalter des eigenen Lebens und der Gesellschaft zu sein.

Aber wie genau kann ich eine Einstellung messen? Man kann es mit dem Wind vergleichen: Ich kann eine Windstärke exakt messen, obwohl ich den Wind nicht sehe. Ich sehe die Resultate unsichtbarer bewegter Luftmoleküle. So ist auch die Einstellung nur sehr schwer zu fassen und in vielen Fällen mit dem Auge nicht sichtbar.

Zwei Personen stehen vor derselben Problemstellung. Beide haben ähnliche Voraussetzungen, beide können frei entscheiden, ob sie das Ereignis als Herausforderung oder als Bedrohung sehen.

Sind Menschen mit einer Einstellung, welche Probleme als Herausforderung und nicht als unüberbrückbar sehen, erfolgreicher? Oder geht es den Menschen einfach nur besser? Oder ist diese Herangehensweise nur Einbildung?

Täglich begegnen uns die unterschiedlichsten Herausforderungen. In der Arbeitswelt sind wir ebenfalls täglich mit Change-Projekten konfrontiert. Egal, ob große oder kleine Projekte. Wer sich nicht verändert, schafft sich ab. In der Digitalisierung gibt es noch mehr Prozesse, bei denen eine Veränderung nötig ist. Ist das aber immer gut? Können wir mit so viel Veränderungen dauerhaft umgehen? Wo sind die Konstanten, auf die wir uns verlassen können? Was kann uns in diesen Veränderungsprozessen Sicherheit geben? Gibt es eine innere Haltung, ein Mindset, das uns dabei unterstützen kann?

Die Auswirkungen der Digitalisierung haben auch auf den Vertrieb enormen Einfluss. Hier stehen wir technologisch meiner Meinung nach noch ganz am Anfang. Die größere Herausforderung erscheint mir allerdings, den Vertrieb zu überzeugen, dass er neue Technologien akzeptiert und nachhaltig nutzt, dass diese Technologien nicht als Gefahr für den eigenen Job gesehen und deshalb boykottiert werden.

Als Beispiel: Künstliche Intelligenz. Wird diese als Gefahr gesehen, dass ich irgendwann meinen Job verliere? Oder wird diese als Chance betrachtet, um effektivere, besser vorbereitete und effizientere Termine beim Kunden zu haben?

Was versteht man unter einem guten Vertriebsmitarbeiter? Ist diese Frage zeitgemäß? Die Prozesse im Vertrieb werden immer digitaler. Hybride Prozesse haben in den letzten Jahren stark zugenommen. Welche Rolle spielt hier das Mindset, die innere Einstellung der Person, die direkten Kundenkontakt hat und etwas verkaufen möchte?

Vertrieb kann jeder, wird oft von Vertriebsfremden angeführt. Das mag vielleicht richtig sein. Genauso wie Fahrradfahren, das kann auch fast jeder. Aber: Wenn es beim Fahrradfahren etwas sportlicher wird, wie sieht es dann aus? Wenn aus Sport Leidenschaft und Profession wird. Profiradfahrer haben ein Team, sie haben Techniker, sie haben Berater, mentale Trainer. Sie haben ein Fahrrad, das auf die Person angepasst und angefertigt ist. Es wird nichts dem Zufall überlassen.

Kann das auf den Vertrieb übertragen werden?

Diese und andere Fragen möchte ich im Folgenden klären.

Ich wünsche Ihnen eine erkenntnisreiche Lektüre und hoffe, dass Sie danach vieles mit einem dynamischen Vertriebsmindset betrachten können!

Hardthausen
Dezember 23

Ihr
Philipp Metzger

Danksagung

Danke an meine liebe Frau, die das Projekt begleitet hat, mich motivierte, anspornte und hinterfragte, wenn ich genervt davon war. Sie hat mich mit ihrer Leichtigkeit begeistert und inspiriert.

Danke an meine Eltern.
Danke an meinen Papa, der mit mir Themen im Buch diskutiert hat.

Danke an meinen langjährigen Freund und Wegbegleiter Lukas, der mit seinem Blick als sehr erfahrener Psychotherapeut das Buch bereichert hat, indem wir gemeinsam Ideen entwickelt haben!

Danke an alle Interviewpartner. Ohne Praxis ist viel Theorie nur Geschwätz. Danke für eure präzisen Erfahrungsberichte aus der Praxis.

Danke an Joel Höfflin, der das Buch lektoriert und überarbeitet hat. Danke, dass Du das Buch so bereichert hast!

Danke an Imke Sander, die Lektorin dieses Buches. Sie haben mich mit Ihren Ideen und Fragen immer wieder neu beeindruckt.

Inhaltsverzeichnis

1	**Einleitung**		1
	1.1 Begriffsdefinitionen		3
	1.1.1 Vertrieb		3
	1.1.2 Mindset		4
	1.1.2.1 Die Individualität des Mindsets		7
	1.1.2.2 Zwei Arten von Mindset: dynamisch vs. statisch		8
	1.1.2.3 Veränderung des Mindsets		8
	Literatur		11
2	**Die Voraussetzungen unseres Verhaltens**		13
	2.1 Die Macht der Gedanken		13
	2.2 Der Trampelpfad: Die Entscheidung hinter neuen Gedanken		15
	2.3 Die Entstehung neuer Bilder		19
	2.3.1 Erkennen, analysieren und dann verändern		19
	2.3.2 Bewusstsein schaffen: Das ABC-Modell nach Ellis		21
	2.3.3 Die Beurteilung macht den Unterschied: Bedrohung vs. Herausforderung		24

2.4	Neue innere Bilder erzeugen eine andere Haltung	29
Literatur		31

3 Routinen — 33
- 3.1 Veränderung durch Routinen — 33
  - 3.1.1 Anforderungen — 37
  - 3.1.2 Ansprüche — 38
  - 3.1.3 Konsequenzen — 38
- 3.2 Achtsamkeit — 39
  - 3.2.1 Trainieren der Achtsamkeit — 41
    - 3.2.1.1 Bewusste Wahrnehmung — 41
    - 3.2.1.2 Stressbewältigung durch Achtsamkeit — 42
  - 3.2.2 Auswirkungen der Achtsamkeit — 50
- 3.3 Skills — 53
  - 3.3.1 Die eigene Spannungskurve wahrnehmen und trainieren — 57
    - 3.3.1.1 Stress und sein negativer Einfluss auf das Lernen — 57
    - 3.3.1.2 Die eigene Spannungskurve wahrnehmen und reduzieren — 60
  - 3.3.2 Frühwarnsystem — 64
- 3.4 Eine eigene Notfallroutine entwickeln und üben — 65
  - 3.4.1 Die Sportanalogie — 66
  - 3.4.2 Routinen im Sport — 68
  - 3.4.3 Das richtige Maß an Anspannung — 70
- Literatur — 72

4 Das Vertriebsmindset — 73
- 4.1 Der Einfluss des Mindsets auf den Vertrieb — 74
  - 4.1.1 Das Mindset der Führungskraft (Vertriebsmindset) — 75
  - 4.1.2 Das Mindset der Vertriebsperson (Vertriebsmindset) — 77
  - 4.1.3 Das Unternehmensmindset — 80
    - 4.1.3.1 Das statische Unternehmensmindset — 81

		4.1.3.2 Das dynamische Unternehmensmindset	84
4.2	Zielsetzungen		85
	4.2.1	Ergebnis- und Fortschrittsziel	85
	4.2.2	Annäherungs- und Vermeidungsziel	88
Literatur			91

5 Mindset und Change — 93
- 5.1 Was hat Change mit Mindset zu tun? — 94
- 5.2 Wie kann ein Change-Prozess schematisch aussehen? — 94
- 5.3 Change und Bergwandern — 97
- 5.4 Welcher Kundennutzen ergibt sich aus dem Change? — 99
- 5.5 Case of Urgency/Dringlichkeit erzeugen — 99
  - 5.5.1 Die Frage nach dem Sinn im Change — 101
  - 5.5.2 Ängste abbauen — 102
  - 5.5.3 Der Mensch im Mittelpunkt — 102
  - 5.5.4 Kommunikationsstrategie — 103
- 5.6 Die Unterscheidung zwischen Symptom und Ursache — 104
- 5.7 Konflikte im Change — 107
- 5.8 Führungsaufgabe „Change" – Change-Management oder besser Change-Leadership? — 110
- 5.9 Beispiel eines Change: Digitalisierung im Vertrieb — 111
  - 5.9.1 Definition eines klaren Ziels für den Change — 113
  - 5.9.2 Kunden- und Vertriebsnutzen im digitalen Change — 113
  - 5.9.3 Digitalisierungsstrategie im Unternehmen — 115
  - 5.9.4 Digitaler Reifegrad im Vertrieb — 117
- Literatur — 118

6 Faktoren der Veränderung — 119
- 6.1 Emotion — 122
  - 6.1.1 Was ist eine Emotion? — 122
  - 6.1.2 Welche Aufgaben haben Emotionen? — 124

	6.1.3 Emotion und die Veränderung des Mindsets	125
6.2	Motivation	127
	6.2.1 Motivationsarten	128
	6.2.2 Mentales Training	129
6.3	Konkrete Umsetzung der eigenen Notfallroutine	133
Literatur		134

7 Jetzt sind Sie dran! — 135

- 7.1 Situationsanalyse — 137
- 7.2 Bewusstsein schaffen — 138
- 7.3 Beurteilung: Bedrohung oder Herausforderung? — 139
- 7.4 Ein positives inneres Bild erzeugen — 140
- 7.5 Analyse der Selbstgespräche — 141
- 7.6 Entwickeln einer persönlichen Skillsliste — 142
- 7.7 Persönliche Ergebnis- und Fortschrittsziele — 144
- 7.8 Spannungskurve wahrnehmen und reduzieren — 144
- 7.9 Das eigene Frühwarnsystem installieren — 146
- Literatur — 147

8 Experteninterviews — 149

- 8.1 Rainer Bürkert — 149
- 8.2 Dr. Thomas Stoffmehl — 152
- 8.3 Claudia Volz — 153
- 8.4 Daniel Hesmer — 155
- 8.5 Christian Kastner — 157
- 8.6 Simon Holzwarth — 159
- 8.7 Ansgar Thilmann — 160
- 8.8 Lucas Pedretti — 162
- 8.9 Jürgen Metzger — 164

Nachwort — 169

Abbildungsverzeichnis

Abb. 1.1	Einbettung von Vertrieb und Marketing bei der Kundenentwicklung im gesamtunternehmerischen Kontext	4
Abb. 1.2	Begriffsdefinition Mindset	6
Abb. 2.1	Ein neuer Pfad entsteht	17
Abb. 2.2	Analyse des Problemverhaltens in Anlehnung an (Sendera & Sendera, 2016, S. 118) mit eigenen Ergänzungen	21
Abb. 2.3	Eigene Darstellung des ABC-Modells nach Ellis	22
Abb. 2.4	Die Entscheidung liegt bei Ihnen. (Eigenes Bild)	24
Abb. 3.1	Mindset und Einflussnahme zur Veränderung	34
Abb. 3.2	A2BC Weiterentwicklung des ABC-Modells nach Ellis mit integrierter Achtsamkeit	40
Abb. 3.3	Vorgefertigte Gedanken steuern unser Verhalten	45
Abb. 3.4	Wahrnehmung der Gefühle in Anlehnung an (Bohus & Wolf-Arehult, 2021, S. 104)	50
Abb. 3.5	Wie können Sie das intuitive Wissen nutzen? (Bohus & Wolf-Arehult, 2021, S. 105)	51
Abb. 3.6	Mögliche Skills-Zugangskanäle mit eigenen Ergänzungen in Anlehnung an (Sendera & Sendera, 2016, S. 104–107)	55

Abbildungsverzeichnis

Abb. 3.7	Spannungskurve in Anlehnung an (Bohus & Wolf-Arehult, 2021, S. 65)	60
Abb. 3.8	Spannungskurve //Der Einsatz von Skills / In Anlehnung an (Bohus & Wolf-Arehult, 2021, S. 117)	61
Abb. 3.9	Beispielhafte Gefühle und körperliche Reaktionen je nach innerem Spannungszustand	62
Abb. 3.10	Erstellen der eigenen Liste mit Gefühlen und körperlichen Reaktionen in den drei unterschiedlichen Stresslevel	63
Abb. 3.11	Spannungskurve // Der Einsatz von Routinen / Skills (Bohus & Wolf-Arehult, 2021, S. 117) und (Sendera & Sendera, 2016, S. 120)	63
Abb. 3.12	Frühwarnsystem Bedrohung. (Eigene Darstellung)	65
Abb. 3.13	Frühwarnsystem Herausforderung. (Eigene Darstellung)	65
Abb. 3.14	Den Fokus auf das Hier und Jetzt in Anlehnung an (Mayer & Hermann, 2015, S. 11)	69
Abb. 4.1	Die unterschiedlichen Einflüsse auf das Vertriebsmindset	77
Abb. 4.2	Balance zwischen Weg und Ziel	87
Abb. 5.1	Change-Prozess, eigene schematische Darstellung in Anlehnung an: (Grunwald, 2021, S. 9) und (Stolzenberg & Heberle, 2021, S. 277) und (Streich, 2016, S. 24)	96
Abb. 5.2	Change ist wie Bergsteigen	98
Abb. 5.3	Die Phasen eines Konflikts (Glasl, 2022)	108
Abb. 5.4	Entwicklung des Kunden- und Vertriebsnutzen. (Eigene Darstellung)	114
Abb. 5.5	Exemplarische Darstellung des Nutzenschwerpunktes in Anlehnung an Elste, 2016, S. 18, mit eigenen Darstellungen	115
Abb. 5.6	Entwicklungssymbiose von Digital- und Unternehmensstrategie (eigene Darstellung)	116
Abb. 5.7	Der Zusammenhang zwischen Unternehmensstrategie und Digitalstrategie in Anlehnung an: (Schallmo & Lohse, 2020, S. 7)	117
Abb. 6.1	Intensität der Emotionen (Nummenmaa et al., 2014, S. 646)	123
Abb. 6.2	Motivationsmodell: Ursache und Wirkung von Motivation. In Anlehnung an: (Gottschall et al., 2021, S. 7)	131

Abb. 7.1	Beispielhafte Ausprägung des dynamischen Mindsets	136
Abb. 7.2	Die Veränderung des Mindsets	137
Abb. 7.3	Erstellen der eigenen Liste mit Gefühlen und körperlichen Reaktionen in den drei unterschiedlichen Stresslevel in Anlehnung an (Bohus & Wolf-Arehult, 2021, S. 65)	145
Abb. 7.4	Eigene Übung Merkmale einer persönlichen Herausforderung	146
Abb. 7.5	Eigene Übung Merkmale einer persönlichen Bedrohung	147

Tabellenverzeichnis

Tab. 1.1	Statisches und dynamisches Mindset nach Dweck. (Mit eigenen Ergänzungen, in Anlehnung an (Dweck, 2020, S. 22–25))	9
Tab. 2.1	Ob ich eine Situation als Bedrohung oder Chance sehe, hängt von meiner Beurteilung ab – Beurteilung der Sichtweise Ihrer Situation: Bedrohung oder Herausforderung?	25
Tab. 2.2	Vertragsverhandlung	28
Tab. 2.3	Bewerbungssituation	29
Tab. 2.4	Analysefragen für ein stimmiges inneres Bild	31
Tab. 3.1	Analysefragen für Selbstgespräche	46
Tab. 3.2	Kognitive Veränderung durch Hinterfragen der eigenen Gedanken	49
Tab. 3.3	Skills und Routinen entwickeln	56
Tab. 3.4	Sport vs. Vertrieb	67
Tab. 3.5	Routinen einüben	72
Tab. 4.1	Eigenschaften eines statischen und dynamischen Vertriebsmindsets	78
Tab. 4.2	Eigenschaften eines statischen und dynamischen Unternehmensmindsets	82

Tab. 4.3	Ergebnis- und Fortschrittsziele (Covey, 2014, S. 24)	86
Tab. 4.4	Beispiele für Annäherungs- und Vermeidungsziele	90
Tab. 6.1	Beispiele und Erläuterungen für Verhaltensinitiierung, Verhaltensausrichtung, Verhaltensintensität und Verhaltensdauer	130
Tab. 7.1	Situationsanalyse	138
Tab. 7.2	Bewusstsein schaffen	139
Tab. 7.3	Bedrohung oder Herausforderung?	140
Tab. 7.4	Beschreibung einer positiven Situation	141
Tab. 7.5	Analyse der Selbstgespräche	142
Tab. 7.6	Skills-Zugangskanäle	143
Tab. 7.7	Skills und Routinen entwickeln	143
Tab. 7.8	Beispiel Fortschrittsziel und Ergebnisziel	144
Tab. 7.9	Übung Fortschrittsziel und Ergebnisziel	145

1
Einleitung

Zusammenfassung In dieser Einleitung erfahren Sie, weshalb eine immer komplexere Welt neue Denkweisen benötigt, um Probleme zu lösen. Ferner geht es um zentrale Begriffsdefinitionen, insbesondere die des Mindsets. Hierbei werden nach einer Abgrenzung der möglichen Bedeutung der individuelle Charakter, die entgegengesetzten Ausprägungen und die Veränderbarkeit eines Mindsets dargestellt.

Unser Gehirn ist so aufgebaut, dass es schlechte Erfahrungen über die Zeit in den Hintergrund stellt. Gute Erinnerungen dagegen bleiben länger im Gedächtnis. Das ist auch gut so, sonst würden wir vermutlich zu stark den Fokus auf negative Faktoren legen.

Dass Prozesse in Unternehmen komplexer werden, mehr Wissen notwendig ist, um eine Aufgabe zu erledigen, ist nichts Neues und liegt auf der Hand. Ein Arbeiter während der Industrialisierung musste nur wissen, wie er seine Tätigkeit richtig macht. Er musste wissen, wie er z. B. die Maschinen richtig bedient. Prozesse waren klar definiert und die Person war mehr oder weniger nur für das Ausführen zuständig.

Durch die Globalisierung wurde die Welt komplexer. Lieferketten wurden umfangreicher. Allein die Ausführung von Arbeiten war nicht mehr ausreichend. Kommunikation über Länder-, Sprach- und Kontinentgrenzen hinaus machte es erforderlich, sich mit anderen Kulturen und Geschäftspraktiken zu beschäftigen. Andere Länder und Kulturen haben andere Herangehensweisen an Aufgaben, die vielleicht im ersten Moment für Außenstehende fremd erscheinen. Die emotionale Intelligenz war hier ein Wettbewerbsvorteil. Wer sich schneller und besser in die Situation des anderen hineinversetzen konnte, konnte schneller und besser dessen Bedürfnisse befriedigen und dadurch schnelles Geschäft machen.

Der Überbegriff künstliche Intelligenz bringt viele Bereiche der Industrie und Wirtschaft in neue Dimensionen. Veränderungen werden hier weitreichender sein als das, was wir bisher kennen. Der Gedanke, dass wir Probleme und Herausforderungen mit Erfahrung und Wissen lösen können, ist sicherlich ein Teil der Lösung. Aber das wird in vielen Fällen zukünftig nicht mehr ausreichend sein.

Wie wir mit der immer größeren Komplexität umgehen, ist aus meiner Sicht die entscheidende Herausforderung für die Zukunft. Früher war der Vorgesetzte die Person, die scheinbar alles wusste. Heute ist das Thema „Wissen" hoch komplex geworden. Nehmen wir einmal an, Sie sind Führungskraft, haben vielleicht schon einige Jahre Berufserfahrung und stellen im Bereich IT eine Person ein, die z. B. Informatik studiert hat. Dann wird Ihnen diese Person, rein auf das Wissen reduziert betrachtet, überlegen sein. Hätten Sie den Anspruch, im Bereich Informatik immer auf dem neuesten Stand zu sein, müssten Sie circa 50 % ihrer Arbeitszeit in Weiterbildung investieren.

Ich kann mich noch gut an ein Gespräch mit einem Klienten erinnern, der einen Disput mit seinem Vorgesetzten hatte. Der Klient war eine junge Führungskraft einer Vertriebseinheit in einem schnell wachsenden Bereich. Diese Vertriebseinheit hatte die Einstellung, dass der junge Leiter nicht alles beherrschen konnte, sondern sein Team brauchte, um das maximale Wissen nutzen zu können. In Konsequenz bedeutete dies, dass einige seiner Mitarbeiter mehr Wissen in einzelnen Bereichen hatten als er selbst. Sie waren ihm also wissenstechnisch überlegen. Mein Klient sah dies allerdings nicht als Gefahr, sondern als Chance.

Als der Klient ein Beurteilungsgespräch mit seinem Vorgesetzten hatte, gab es eine Auseinandersetzung. Der Vorgesetzte wies seine junge Führungskraft darauf hin, dass er Wissenslücken hätte. Daraufhin war mein Klient etwas irritiert. Er erklärte ihm, dass er selbst gar nicht alles wissen müsste, da sein Team insgesamt gut aufgestellt wäre. Der Vorgesetzte war der Ansicht, dass die Führungskraft einen Wissensvorsprung gegenüber den zu führenden Menschen haben müsste.

Hier haben wir es mit unterschiedlichen Mindsets zu tun:

- Vorgesetzter: Ich muss alles wissen, um entscheiden zu können.
- Klient: Ich vertraue meinem Team, mein Team vertraut mir, dadurch multipliziere ich das Wissen und habe einen enormen Wachstumshebel sowie automatisch auch ein gutes Betriebs- oder Teamklima.

Kommen wir also zu den Begriffsdefinitionen.

1.1 Begriffsdefinitionen

Es gibt viele Definitionen zum Thema Vertrieb und Mindset. Im Kontext des Vertriebsmindsets soll aber für dieses Werk ein einheitliches Verständnis zum Thema Vertrieb und Mindset vorherrschen.

1.1.1 Vertrieb

Ein Vertrieb hat die Aufgabe, Produkte oder Dienstleistungen an Personen oder Unternehmen zu verkaufen, um damit Ertrag für das Unternehmen zu erwirtschaften. Der Vertrieb ist eine wichtige Schnittstelle zwischen Kunde und Unternehmen und in den gesamtunternehmerischen Kontext eingebunden, um kundenseitige und unternehmensseitige Informationen bestmöglich zu verarbeiten und weiterzugeben.

Im Idealfall arbeiten Marketing und Vertrieb eng miteinander auf Augenhöhe zusammen und stehen somit auch in permanentem Austausch. Oft sind diese Funktionen auch in einer Person oder Funktion

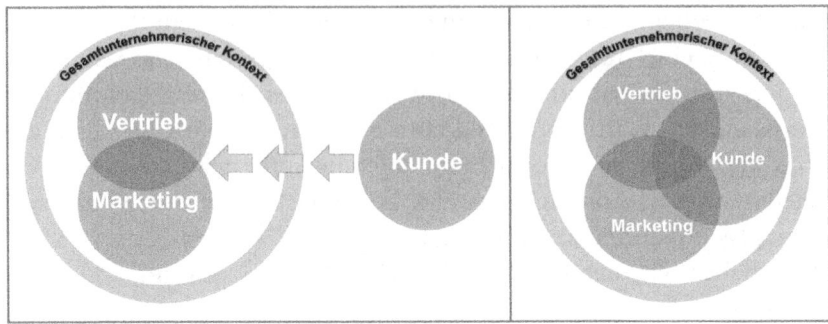

Abb. 1.1 Einbettung von Vertrieb und Marketing bei der Kundenentwicklung im gesamtunternehmerischen Kontext

vereint. Das Marketing hat die Aufgabe, vertriebsvorbereitende Aktivitäten, in Abstimmung mit dem Vertrieb, zu planen.

Der Vertrieb hat die Aufgabe, gemeinsam mit dem Marketing Maßnahmen zu definieren, um dem Kunden Lösungen anzubieten, die die Kundenbindung erhöhen (s. Abb. 1.1).

1.1.2 Mindset

Der Begriff „Mindset" ist ein sehr junger Begriff und wurde durch Carol Dweck mit dem Buch *Mindset* etabliert (Dweck, 2020). Er hat sich in den letzten Jahren im deutschsprachigen Raum immer mehr durchgesetzt und beschreibt vorrangig die *innere Haltung* einer Person. Darüber hinaus gibt es unterschiedliche Begrifflichkeiten, die verschiedene Facetten des Mindsets be- bzw. umschreiben. So wird im Bereich des Managements z. B. oft von beliefs, cognitive maps, cause maps, mental models, schema, scripts, knowledge systems, distilled ideologies, cognitive scheme, frames of reference, belief structures, cognitive structures, internal representations, implicit theories, perceptual filters, construed reality, managerial frames und mental constructs … gesprochen (Hubry, 2009, S. 45).

Als globaler Begriff hat die Nutzung des Begriffs eine gewisse Popularität erlangt. In diesem Kontext beinhaltet ein Mindset folgende Inhalte (Hautzinger & Hoffmann, 2022, S. 327):

- Wie denke ich über eine Person oder einen Sachverhalt?
  Die eigene Meinung, d. h. der kognitive Informationsrahmen gegenüber Menschen oder einer Angelegenheit.
- Mit welcher Einstellung begegne ich anderen Personen oder bestimmten Gegebenheiten?
  Die eigene Einstellung, das subjektive Gefühl gegenüber einem Mitmenschen oder einer Sachlage. Die Einstellung empfindet eine Person oft als Wahrnehmung in einer bestimmten Situation.
- Wie erfolgsversprechend ist mein Verhalten gegenüber jemandem?
  Die Wahrscheinlichkeit, dass ich durch mein eigenes Verhalten das Verhalten einer anderen Person beeinflussen kann.

In diesem Buch wird das Mindset in den Kategorien entfaltet, wie sie in Abb. 1.2 dargestellt sind.

Demnach stellt das Mindset in erster Linie eine Kombination der inneren Bilder (unten) und Routinen (unten) dar. Dabei steht es auf vier Grundpfeilern, die trotz unterschiedlicher Voraussetzungen für jeden Menschen gelten und unsere inneren Bilder und die entstehenden Routinen unmittelbar beeinflussen. Sie bedeuten im Einzelnen:

- Gene/Veranlagung: Die von unseren Eltern und Großeltern vererbten Eigenschaften, Charakterzüge, Ansichten usw. sind ein Teil unserer Selbst.
- Interpretation eigener Erfahrung: Die Wirklichkeit wird subjektiv wahrgenommen und bewertet. Vergangenheit ist daher immer ein Stück weit *interpretierte* Realität.
- Selbstwahrnehmung: Zwischen mir selbst und der Umwelt besteht stets ein wechselseitiger Austausch: Die Umwelt reagiert auf mich, ich reagiere auf die Umwelt. Letzteres äußert sich in der Selbstwahrnehmung.

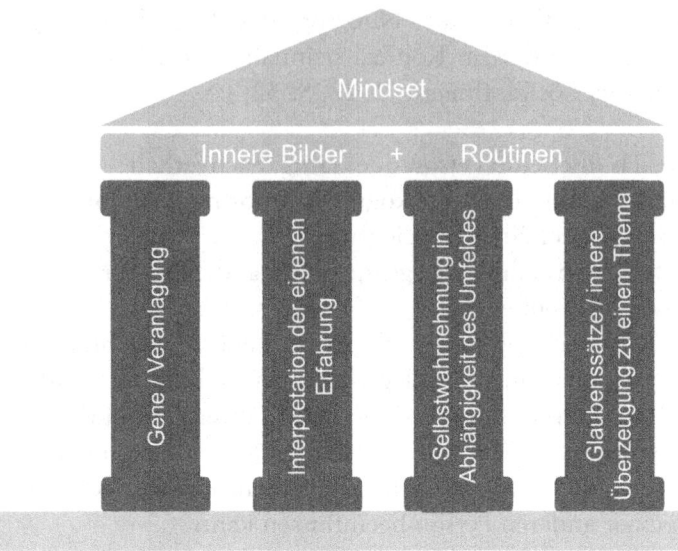

Abb. 1.2 Begriffsdefinition Mindset

- Glaubenssätze: Die inneren Glaubenssätze, die ich über mich, die Umwelt und andere habe, haben direkten oder indirekten Einfluss auf mich selbst.

Klar ist, dass diese Beschreibung bzw. Grafik nur eine rudimentäre Veranschaulichung eines hochkomplexen Prozesses sein kann. Sie macht jedoch grundsätzlich deutlich: Gefühle und Verhalten werden durch die Wahrnehmung, Interpretation, Bewertung, Ursachenerklärung und Einstellung einer Person beeinflusst. Dabei wird zwischen automatischen Gedanken und Grundüberzeugungen, also der Einstellung, unterschieden.

So hat jede Person von Geburt an bestimmte Annahmen, Meinungen, Bilder über sich selbst, über andere und die Umwelt. Die inneren Grundüberzeugungen sind kognitiv und emotional tief im Menschen verwurzelt. Etwas leichter zugänglich sind hingegen die automatischen Gedanken. Sie sind nur in Bezug auf die Situation in unserem Gehirn verankert. Dabei können bestimmte Wörter,

Erinnerungen, Bilder oder Personen als Auslöser fungieren (Hautzinger & Hoffmann, 2022, S. 328).

Die Grafik zeigt fernerhin, dass jedes Mindset auf anderen persönlichen Eigenschaften aufbaut und damit einzigartig und individuell ist. Diese wichtige Tatsache möchte ich kurz näher erläutern.

1.1.2.1 Die Individualität des Mindsets

Ein Mindset ist etwas sehr Individuelles, Persönliches und schöpferisch Einmaliges. Jedes Mindset gibt es nur einmal auf der Welt. Es ist die Summe der persönlichen Erfahrungen, Gefühle und Erinnerungen – positiv wie negativ. Verwende ich in diesem Buch den Begriff „Mindset", ist dieser neutral konnotiert. Es gibt kein gutes oder schlechtes, richtiges oder falsches Mindset. Es gibt nur das individuelle Mindset einer Person. Dies ist mit der Persönlichkeitsstruktur einer Person vergleichbar. Sie ist ebenfalls einmalig. So, wie es diese Person nur ein einziges Mal auf der Welt gibt, sind auch deren Eigenschaften, körperliche Merkmale, Aussehen, Charaktereigenschaften einmalig. Trotzdem gibt es gewisse Merkmale wie z. B. Charaktereigenschaften, die sich kategorisieren lassen. Eine solche Klassifizierung von Eigenschaften hat immer auch etwas mit Vereinfachung zu tun. Ein komplexes System wird in Eigenschaften unterteilt, damit es leichter zu verstehen ist. Durch eine Vereinfachung fallen dann möglicherweise gewisse Aspekte weg.

So lässt sich das Mindset auch mit einer Brille vergleichen, durch die jeder Einzelne sein Leben und seine Umwelt betrachtet. Entsprechend den persönlichen Erfahrungen enthält jede Brille einen anderen Filter. Dadurch können zwei Menschen dieselbe Situation erleben, aber vollkommen unterschiedlich darauf reagieren.

Ihr Mindset ist somit ein wichtiger Bestandteil Ihrer Persönlichkeit. Und diese Persönlichkeit hat sich über Jahre hinweg entwickelt. Wenn Sie davon ausgehen, dass Ihr Mindset Teil Ihres Charakters ist, könnten Sie vielleicht davon ausgehen, dass Sie diesen nicht verändern können (Dweck, 2020, S. 61). Doch hier muss zwischen Charakter und Persönlichkeit unterschieden werden. Das Bild, das Sie in Ihrem Mindset von sich und anderen entwerfen, ist *Teil* Ihrer Persönlichkeit und daher veränderbar. Dies ist die Grundlage für alle weiteren Betrachtungen, wenn es um das Verändern des Mindsets geht. Doch zunächst müssen die zwei Varianten des Mindsets eingeführt werden.

1.1.2.2 Zwei Arten von Mindset: dynamisch vs. statisch

Carol Dweck (Dweck, 2020, S. 63), seit 2004 Professorin in Stanford, hat herausgefunden, dass es im Wesentlichen zwei Arten von Mindsets gibt. Diese haben einen großen Einfluss auf Ihr Verhalten, Ihren Erfolg oder Misserfolg.

Im Wesentlichen zeigt das Mindset, dass Sie eine Wahl haben: Wie entscheiden Sie, um gezielt an sich zu arbeiten und persönliches Wachstum zu erleben? Haben Sie derzeit ein statisches Mindset, dann gehen Sie davon aus, dass Sie grundsätzlich auf Ihre Eigenschaften festgelegt sind. Sie gehen davon aus, dass Sie wenig Gestaltungsspielraum für Ihr Leben haben. Weisen Sie hingegen ein dynamisches Mindset auf, gehen Sie davon aus, dass es die unterschiedlichsten Formen der Entfaltung für Sie geben wird.

Das statische und das dynamische Mindset werden stark gegensätzlich dargestellt. Je nach Situation und Gemütslage kann sich das Mindset entsprechend anpassen. Die Tab. 1.1 kann Ihnen dabei helfen, sich im einen oder anderen Punkt wiederzufinden.

Das Mindset ist kein statischer Wert. Je nach Situation und Kontext kann ein und dieselbe Person beide Mindsets zugleich haben. Ein Teil der Denkstruktur ist statisch, der andere dynamisch orientiert. Dies kann unterschiedliche Gründe haben. Eine Rolle spielen Themen wie Tagesform, Grad der inneren Anspannung oder Selbstreflexion.

1.1.2.3 Veränderung des Mindsets

Ein dynamisches Mindset richtet den Blick auf die Möglichkeit und weg von der Begrenzung. Deswegen ist es als Führungsperson erstrebenswert. Es ist wichtig zu wissen, in welchen Bereichen Sie

Tab. 1.1 Statisches und dynamisches Mindset nach Dweck. (Mit eigenen Ergänzungen, in Anlehnung an (Dweck, 2020, S. 22–25))

Statisches Mindset	Thema	Dynamisches Mindset
Geht davon aus, dass ihre Eigenschaften bei der Geburt (Gene) weitgehend festgelegt worden sind	Voraussetzungen fürs Leben	Geht davon aus, dass jeder eine große Entfaltungsmöglichkeit hat
Gibt schnell auf, wenn es schwierig wird	Herausforderungen	Fühlt sich motiviert, neue Wege zu finden
Die Welt muss sich verändern, ich nicht	Change (Veränderung)	Ist offen für neue Ideen, Konzepte. Veränderung ist Teil des Lebens
Noten sind der Grund für die Anstrengung	Lernen	Der neue Stoff, das neue Wissen steht im Vordergrund. Lernen geschieht beiläufig
Schuld wird oft außerhalb des eigenen Ichs gesucht: Lehrer, Chef, Freunde…, kann Fehler nur schwer zugeben	Fehler	Lernt aus Fehlern und ist offen für Feedback für andere. Kritik ist kostenlose Beratung
Will sich und anderen beweisen, wer er ist und was er kann	Leistung	Ist am Entwickeln und Entdecken von neuen Dingen interessiert und kann sich darin vertiefen. Leistung geschieht beiläufig
Wird durch die Dinge definiert, die leicht, schnell und fehlerfrei gemacht werden können	Intelligenz	Intelligenz ist kein fixer Wert. Sie definiert sich über neue Erkenntnisse aus einer Aufgabenstellung, um den Horizont zu erweitert
Sieg oder Niederlage	Verhandlungen	Findet beste Lösung für beide Parteien
Will sich und seinen Status bestätigen	Persönliche Entwicklung	Hat ein großes Interesse an Persönlichkeitsentwicklung
Wirkt oft einschüchternd und erstickt dadurch Fortschritt und Innovation im Keim	Als Vorgesetzter	Steht nicht im Rampenlicht, schart Gleichgesinnte um sich, will sich und andere besser machen
Drängen sich oft an die Spitze	Karriere	Kommen nebenbei an die Spitze, weil sie sich für das begeistern, was sie tun

Wert darauf legen, ein dynamisches Mindset zu haben. Umgekehrt: Wo stellen Sie fest, dass Sie schnell in ein statisches Mindset verfallen? Dies kann ein Indikator dafür sein, dass Sie an einer persönlichen Entwicklung arbeiten sollten. Doch wie kann die Veränderung vom statischen ins dynamische Mindset gelingen?

Eine Änderung der Einstellung kann nur dann erfolgen, wenn sich das Meinungssystem und das daraus abgeleitete Verhalten verändert. Dies bedeutet, ein Mindset verändert sich dann, wenn die Person zu der Einsicht kommt, dass ein gewisses Verhalten nicht mehr zielführend ist (Hautzinger & Hoffmann, 2022, S. 327).

Um das Mindset von statisch zu dynamisch zu ändern, gibt es zwei wesentliche Hilfsmittel: sogenannte Skills sowie Achtsamkeitstraining. Skills sind erlernte Verhaltensweisen, die wir über die Jahre hinweg entwickelt haben. Sie können bewusst oder unbewusst stattfinden. Achtsamkeit schult die Körperwahrnehmung. Kap. 3 behandelt Skills und Achtsamkeit ausführlich. Darüber hinaus bedarf es vermehrter Erklärung und Kommunikation, wenn es um eine Veränderung bei mehreren Personen gehen soll, beispielsweise im Rahmen eines Change-Prozesses (Veränderungsprozesses) in einem Unternehmen (Kap. 5).

Äußere Einflussfaktoren auf das Mindset
Prof. Dr. Jürgen Margraf hat im Zusammenhang mit einer Resilienzforschung herausgefunden, dass soziale Beziehungen sowie die Zugehörigkeit zu einer unteren sozialen Schicht zu einem negativen Mindset führen können (Margraf, 2020, S. 426). Die Person sieht sich selbst in einer benachteiligten Ausgangssituation, weil sie für den Erfolg mehr wird kämpfen müssen als andere.

Ist eine Person hingegen schon in frühen Jahren sehr erfolgreich, kann sich dies ebenfalls auf das Mindset auswirken. Diese Naturtalente sind davon überzeugt, dass sie von Anfang an einen besseren Start ins Leben hatten. Für diese begabten Menschen bestand nie die Notwendigkeit, dass sie für etwas richtig kämpfen oder sich etwas hart erarbeiten mussten (Dweck, 2020, S. 111).

Die Freiheit und die Verantwortung, sich zu entscheiden
Jeder Mensch hat die große Freiheit, sich zu entscheiden, wie er die Dinge sieht und darauf reagiert. Niemand kann Ihnen Ihre Sichtweise vorschreiben (Pattakos, 2005, S. 62 ff.). Diese Freiheit mündet in die Verantwortung gegenüber sich selbst und dem dazugehörigen Mindset. Die Verantwortung für unser Mindset können wir nicht an andere abschieben oder delegieren. Eine wirkliche Veränderung kann dann stattfinden, wenn wir aufhören, ein Teil des Problems zu sein und uns dazu entscheiden, ein Teil der Lösung zu werden (Pattakos, 2005, S. 68). Diesen Weg wollen wir nun gemeinsam beschreiten und bei unseren Grundüberzeugungen als Voraussetzung und Ausgangspunkt einer möglichen Veränderung beginnen.

Literatur

Dweck, C. (2020). *Selbstbild, Wie unser Denken Erfolg oder Niederlage bewirkt.* Piper.

Hautzinger, M., & Hoffmann, N. (2022). Einstellungen und Grundüberzeugungen ändern. In M. Linden & M. Hautzinger (Hrsg.), *Verhaltenstherapiemanual – Erwachsene* (S. 327–333). Springer-Verlag.

Hubry, J. (2009). *Kognitionsstrukturen und internationale strategische Entscheidungsprozesse von ManagerInnen in Europas 500 schnell wachsenden KMU.* Karl-Franzen-Universität Graz.

Margraf, J. (4 2020). „Soziale Ungleichheit und Psychische Gesundheit" im Fokus auf dem Jahreskongress Psychotherapie Wissenschaft Praxis 2020. *Psychotherapeuten Journal*, 425–426.

Pattakos, A. (2005). *Gefangene unserer Gedanken, Viktor Frankels 7 Prinzipien, die das Leben und Arbeit Sinn geben.* Linde.

2

Die Voraussetzungen unseres Verhaltens

Zusammenfassung Das erwartet Sie in diesem Kapitel: Sie lernen, wie innere Bilder zustande kommen und welchen Einfluss sie auf unsere Gedanken haben. Daran anschließend geht es um das Bewusstsein für (automatisch) gefällte Beurteilungen und die Änderbarkeit einer solchen Beurteilung durch das Hervorrufen neuer innerer Bilder. Dazu werden beispielhafte Analysen betrachtet, die Ihnen bei der Selbstreflexion helfen können und zeigen, wie die eigenen Gedanken das Verhalten beeinflussen.

2.1 Die Macht der Gedanken

Gedanken und Verhalten stehen in engem Zusammenhang. Unsere Gedanken beeinflussen, bewusst oder unbewusst, unser Handeln in jeder Situation. Dass aus gewissen Gedankenzügen dann Verhaltensweisen bzw. Verhaltensmuster entstehen, ist eine logische Konsequenz (Pattakos, 2005, S. 9).

Gedanken beeinflussen auch unsere Körperhaltung. Haben Sie sich selbst schon mal beobachtet, wenn Sie für etwas brennen, begeistert sind und sich darüber freuen? Sie haben eine aufrechtere Haltung, eine Körperspannung – die Begeisterung steht Ihnen ins Gesicht geschrieben. Andere Menschen können dies an Ihrer Haltung sehen.

Umgekehrt das andere Extrem: Sie wurden von einer Person zutiefst enttäuscht, der Sie vertraut haben. Ihre Körperspannung geht zurück, die Schultern fallen nach vorne, Ihr Rücken beugt sich förmlich unter der Last. Dabei hat Ihnen niemand einen schweren Rucksack auf Ihre Schultern geladen. Allein durch die Kraft der Gedanken hat sich Ihre Körperhaltung verändert.

Ein weiteres Beispiel, wie unsere Gedanken bzw. unsere Vorstellungskraft unseren Körper beeinflussen, lässt sich mit dem Zitronenexperiment darstellen:

Zwei Personen stehen sich gegenüber. Person A hat eine frisch aufgeschnittene Hälfte einer Zitrone in der Hand. Person B beobachtet nur die gegenübersitzende Person. Person A beißt richtig kräftig in die saure Zitrone hinein. Vermutlich wissen Sie, was jetzt passiert, aus eigener Erfahrung: Der saure Zitronensaft regt die Speicheldrüsen im Mund dazu an, sehr viel Speichel zu produzieren. Der Speichel schießt in den Mundraum von Person A.

Doch was passiert mit Person B? Diese hat nur zugesehen. Dennoch bekommt auch sie einen wässrigen Mund. Warum ist das so? Die Beobachtung und das, was unser Gehirn zu erwarten scheint, nämlich einen Biss in die saure Zitrone, regt die Speicheldrüsen zur Produktion bei Person B an. Die bloße Vorstellungskraft ruft eine körperliche Reaktion hervor.

Innere Bilder sind ein Teil unserer Persönlichkeit. Sie gehören zu uns. Sie haben sich über die Jahre und Jahrzehnte entwickelt und in uns eingeprägt. Dabei geht es nicht um gute oder schlechte Bilder, richtige oder falsche. Es geht in erster Linie um die Existenz dieser inneren Bilder, und darum, dass sie da sind und einen Einfluss auf unser Verhalten und Leben haben.

Es geht um unser Selbstbild, unser Menschenbild, unser Weltbild, wie wir uns selbst im Kontext zu anderen sehen. Die Hirnforschung hat in den letzten Jahren gezeigt, dass je nachdem, wie ein Mensch denkt, fühlt und handelt, dies einen Einfluss auf die neuronalen Netze (Verschaltungen) in seinem Gehirn hat. Es werden unterschiedliche

Netzwerke im Gehirn aufgebaut. Diese können aber auch, wenn sie nicht mehr oder nur wenig genutzt werden, wieder abgebaut oder ausgelöscht werden (Hüther, 2015, S. 7). Dies ist ein üblicher Ablauf und kontinuierlicher Prozess, der lebenslang andauert.

Die inneren Selbstbilder sind also richtungsweisend. Sie geben unseren Gedanken eine gewisse Struktur und Richtung. Man könnte die inneren Bilder auch als Spielregeln bei einem Spiel bezeichnen. Wie wir das Spiel des Lebens spielen. Allerdings schreiben wir diese Spielregeln für unser eigenes Leben selbst.

Was und wie wir über uns selbst denken und fühlen, geht Stück für Stück in unser Verhalten über. Die inneren Bilder prägen die Netzwerke in unserem Gehirn im Laufe der Zeit. Die emotionale Intensität spielt hierbei eine wichtige Rolle. In Situationen mit hoher Emotionalität wird dieser Gedanke sich stärker und länger bei uns einprägen. Zum Beispiel ist der Augenblick der Geburt eines Kindes ein Moment mit hoher emotionaler Auswirkung. Wenn Sie selbst Kinder haben, wird Ihnen dieser Gedanke ein Leben lang bleiben. Vielleicht können Sie auch noch die Emotionen verspüren, wenn Sie an die Geburt denken. Sie können – vermutlich relativ schnell – die Situation, die Umstände, die Tageszeit, das Wetter und vieles mehr, was zum Zeitpunkt der Geburt ihres Kindes geschah, benennen.

2.2 Der Trampelpfad: Die Entscheidung hinter neuen Gedanken

Stellen Sie sich vor, Sie gehen spazieren. Sie laufen immer wieder die gleiche Strecke. An einem gewissen Punkt in der Natur erkennen Sie, dass hinter einer Wiese eine Brombeerhecke gewachsen ist. Zu der Hecke gibt es keinen direkten Weg. Sie müssen über eine Wiese laufen. Sie treffen hier und jetzt das erste Mal die Entscheidung, vom Weg abzubiegen. Beim ersten Mal ist dies sicherlich eine sehr bewusste Entscheidung von Ihnen.

Wenn Sie das erste Mal querfeldein durch diese Wiese laufen, fällt das nicht auf. Die Spuren, die Sie in der Wiese hinterlassen haben, sind kaum erkennbar. Umgeknickte Grashalme stellen sich in wenigen Tagen wieder auf. Die Brombeeren waren lecker und sie laufen wieder zurück.

Am nächsten Tag gehen Sie die gleiche Runde wieder, erinnern sich an die leckeren Brombeeren und laufen wieder über die Wiese. Vermutlich ist der Weg, den sie gestern gegangen sind, wenn überhaupt, nur noch sehr schwer zu erkennen. Also laufen Sie grob die ähnliche Richtung zu den Brombeeren. Aber auch hier war Ihrerseits eine Entscheidung notwendig, um vom normalen Weg abzubiegen.

Am darauffolgenden Tag sehen Sie in der Wiese schon einen zaghaften Ansatz einer Spur, die Sie hinterlassen haben. Es ist der Ansatz eines Weges zu erkennen. Es ist nur noch ein kurzer Gedanke der Entscheidung, dass sie sich für die Brombeeren entscheiden. Wenn Sie denselben Weg nun täglich gehen, macht dies einen Unterschied. Vielleicht bildet sich eine kleine Wegmulde, eine Vertiefung, an der der Boden besonders hart ist. Der Boden verdichtet sich langsam durch den Druck unter dem Weg. Durch den verdichteten Boden kommt weniger Wasser bei den Graswurzeln an. Dadurch wächst das Gras auf dem Weg nicht mehr so schnell. Das Gras wächst an der Stelle nicht mehr so hoch wie unmittelbar daneben.

Irgendwann gehen Sie den Weg automatisch. Sie kennen den Weg, Sie wissen, wo es lang geht … es besteht für Sie keine Notwendigkeit mehr, einen neuen Weg zu suchen. Sie gehen intuitiv. Es steht also keine aktive Entscheidung mehr dahinter, ob Sie zu den Brombeeren gehen oder nicht. Sie wissen, wo es langgeht, ohne groß darüber nachzudenken. Ähnlich verhält es sich mit den inneren Bildern und unseren Gedanken, siehe Abb. 2.1.

Wenn wir Entscheidungen treffen wollen, muss zunächst viel überlegt und abgewogen werden. Viele Gedanken dazu sind neu und noch nicht zu Ende gedacht.

Es kostet Sie Energie, eine Entscheidung zu treffen. Sie überlegen, was die richtige Wahl ist, wägen ab und kommen zu einer Entscheidung. Ihr Gehirn wäre überlastet, wenn Sie jede Entscheidung am Tag neu treffen müssten. Routinen erleichtern das Denken, und es wird dadurch weniger Energie verbraucht.

Haben sich diese Gedanken gefestigt, ist es vergleichbar mit dem Trampelpfad in der Wiese. Der Weg wird immer öfter genutzt bis zu

2 Die Voraussetzungen unseres Verhaltens

Abb. 2.1 Ein neuer Pfad entsteht. Eigenes Bild.

dem Punkt, wo er zur Routine wird. Der Weg wird zur automatischen Handlung, die nicht mehr hinterfragt wird, die Handlung wird akzeptiert und ausgeführt. Im Gehirn hat sich eine neue neuronale Verbindung gebildet.

Im Laufe des Lebens werden wir viele neue Entscheidungen fällen. In der Bildsprache bedeutet dies, dass viele neue Wege erschaffen werden. Wege, die nicht mehr genutzt werden, werden von der Natur zurückerobert. Das Gras bildet sich zurück, angrenzende Sträucher breiten sich aus, der Weg wird zugewuchert. Nach einer gewissen Zeit ist der Weg nicht mehr zu erkennen.

So bilden sich auch im Laufe eines Lebens im Gehirn die unterschiedlichsten Pfade bzw. neuronalen Netze. Dieser Prozess kann durch eine Situation bzw. die dabei empfundene Emotion bedingt sein.

Erleben Sie für sich eine neue Situation, vergleicht Ihr Gehirn diese Erfahrung automatisch mit den abgespeicherten neuronalen Netzen, also den bekannten Trampelpfaden, und versucht, die Situation in eine bekannte Erfahrung einzuordnen. Ist das möglich, wird der Trampelpfad verstärkt. Der Weg wird ausgebaut.

Ist eine automatische Zuordnung einer neuen Situation nicht möglich, wird ein vorhandener Pfad von früher durch Überlagerung des neuen Eindrucks kurzzeitig durcheinandergebracht. Die Situation muss sich so oft wiederholen, bis sich das neue Bild in das alte Bild integriert hat. In der Zwischenzeit herrscht also eine gewisse Unruhe in unserem Gehirn. Diese Unruhe kann dazu führen, dass das Gehirn jetzt wach und aufmerksam ist. Es dauert eine gewisse Zeit, bis das alte Bild allmählich verdeckt bzw. verdrängt wird und das neue Bild in den Vordergrund rückt (Hüther, 2015, S. 24).

Diese Unruhe kann auch mit Unsicherheit verbunden sein. Aber sie ist unendlich wertvoll, damit Neues entstehen kann. Damit neue neuronale Netze entstehen können. Um in der obigen Bildsprache zu bleiben, sind diese Situationen wertvoll, um neue „Brombeeren" zu finden. Dabei geben die bisher gemachten Erfahrungen und vorhandenen Bilder (Routinen) die Richtung an, wie die neue Situation verarbeitet wird und wie neue Bilder im Gehirn abgespeichert werden (Hüther, 2015, S. 25). Das Vorhandene beeinflusst die Entscheidung, welche letztendlich die neuen Gedanken als Resultat der Erfahrungen und Emotionen hervorbringt. Die neuen Gedanken entstehen daher immer im Abgleich mit den vorhandenen.

Manchmal gibt es Wege (Gedanken), die für eine gewisse Zeit lang parallel verlaufen, bis sich einer der beiden Wege etabliert hat. Zunächst folge ich meinen gewohnten Gedanken. Ich habe sie auch noch im Kopf, wenn ich die neuen Gedanken kennenlerne. Durch meine aktive Entscheidung für das Neue etabliert sich dieser Weg jedoch immer mehr, wohingegen der alte immer mehr mit Gras zuwächst und irgendwann ganz verschwindet.

2.3 Die Entstehung neuer Bilder

Unser Gehirn ist in der Lage, ein Leben lang zu lernen. Vielleicht haben wir manchmal den Eindruck, dass die Fähigkeit zu lernen über die Jahre abnimmt. Theoretisch und praktisch ist das Gehirn aber zu jeder Zeit in der Lage, neue Dinge zu lernen. Egal in welchem Alter wir uns befinden.

Wie entstehen also neue Bilder in unserem Gehirn? Es hat zum einen etwas mit Wiederholung zu tun. Wie oft durchleben wir eine Situation und mit welcher Intensität? Sprich: Sind wir bei der Sache und konzentriert, wenn wir eine neue Situation durchleben? Wenn wir gedankenlos etwas immer wieder wiederholen, heißt das nicht, dass wir auch einen neuen Pfad entstehen lassen. Das alleinige Wiederholen bringt also nur einen Teilerfolg. Ein wichtiger Aspekt ist auch, fokussiert im Hier und Jetzt zu sein – also bewusst wahrzunehmen, präsent zu sein.

Die Fähigkeit dazu hat wiederum etwas mit der eigenen Prägung zu tun. Erfahrungen, die wir in jungen Jahren gemacht haben, haben einen Einfluss auf unser weiteres Leben. Aber jeder Entscheidung liegt eine Beurteilung zu Grunde. Eine bewusste oder unbewusste Beurteilung der Situation, in der wir gerade stehen. Was bedeutet das?

2.3.1 Erkennen, analysieren und dann verändern

Gibt es ein Verhalten, das Sie an sich gern ändern möchten? Es gibt unterschiedliche Hilfsmittel, die dabei helfen können, ein nicht mehr erwünschtes Verhalten zu verändern. Dabei kann es helfen, ein neues Verhalten zu implementieren. Dadurch werden letztlich die hinter dem Verhalten stehenden inneren Bilder als wesentlicher Bestandteil unseres Mindsets nach und nach verändert.

Doch bevor es zur Veränderung kommen kann, muss eine Analyse stattfinden. Dieser Prozess der Selbstreflexion kann unter Umständen auch schmerzhaft sein. Oft haben nämlich die Dinge, die uns an anderen stören, auch etwas mit uns zu tun. Eigenschaften, die uns an anderen stören, erzeugen eine gewisse Resonanz in uns. Wir reagieren meist unbewusst auf das Verhalten einer anderen Person, und wenn diese Reaktion für uns unangenehm ist, kann sich das negativ auf uns und unsere Gefühle auswirken. Das ist aber nicht weiter schlimm, sondern sogar gut: Es gibt uns die Möglichkeit, an uns zu arbeiten!

Die Balance zwischen „So bin ich und so mag ich mich" und „Hier möchte ich mich verändern" zeugt von einer reifen Persönlichkeit (wie Sie dafür das Bewusstsein schaffen, lesen Sie im Abschn. 2.3.2). Möglicherweise kann es Ihnen helfen, sich zu überlegen, durch welches Benehmen Sie eine Person am meisten stört. Ist es jemand, der manchmal rechthaberisch ist? Oder eine Person, die sehr genau bzw. gewissenhaft ist? Fällt Ihnen ein Mensch ein, bei dem Sie sich darüber aufregen, dass er Fünfe gerade sein lassen kann? Ärgert es Sie, wenn jemand Ihnen die Show stiehlt? Daraus können sich Hinweise für Ihre möglichen Wachstumsfelder ergeben. Oft sind es die Bereiche, die wir so gar nicht im Blickfeld haben. Gibt es eine Situation, in der Sie emotional oder gar stark aufgebracht reagiert haben?

Manchmal kann eine ausführliche Analyse der Situation helfen, um besser zu verstehen, wie es zu der Situation gekommen ist (Sendera & Sendera, 2016, S. 118). Die Fragen in Abb. 2.2 können bei einer genaueren Analyse helfen.

Die Fragen dienen dazu, zukünftige Handlungsspielräume zu erkennen, die durch bewusstes Auftreten und Benehmen neu erschaffen werden können. Es kann auch sein, dass Ihnen zu den Fragen nichts einfällt. Die Situation war so lähmend, dass eine Handlungsalternative selbst im Nachgang nicht gesehen werden kann. Oder es ist für Sie nicht klar und deutlich, wie das eigene Verhalten einen Unterschied machen kann. Hierbei können die folgenden Fragen helfen:

- Zu welchem Zeitpunkt hätte ich in der Situation anders handeln können?
- Mit welchem Verhalten hätte ich die Situation verschlimmern können?
- Mit welchem Verhalten hätte ich die Situation verbessern können?
- Welche zusätzlichen Fähigkeiten hätten geholfen, die Situation zu verbessern?

Beschreiben des Problemverhaltens			
Zeit und Ort:	Was:	Begleiterscheinungen:	Konsequenzen:
Was genau ist passiert? Wo ist es passiert? Wann ist es passiert? Wer war beteiligt?	Was war knapp davor? Was wäre als nächstes passiert? Welche Eskalation wäre gefolgt?	Was war besonders auffällig? Welche Rahmenbedingungen waren auffällig? Welche intensiven Gefühle waren vorhanden? Welche körperlichen Reaktionen waren davor, währenddessen und danach zu empfinden?	Welche Konsequenzen ergeben sich daraus? Welche Gedanken hatte dies zur Folge? Welche Gefühle hatte dies zur Folge? Welche Körperreaktionen hatte dies zur Folge? Wie haben andere darauf reagiert? Welche Konsequenz ergab sich für andere Personen?

Abb. 2.2 Analyse des Problemverhaltens in Anlehnung an (Sendera & Sendera, 2016, S. 118) mit eigenen Ergänzungen

Hilfreich kann auch sein, wenn Sie eine gute Situation analysieren. Wenn etwas richtig gut gelaufen ist. Eine Situation, eine Verhandlung, ein Gespräch, was für Sie überaus positiv verlaufen ist. Daraus abgleitet können Sie Rahmenbedingungen finden, die Ihnen helfen, noch erfolgreicher zu sein.

2.3.2 Bewusstsein schaffen: Das ABC-Modell nach Ellis

Nach Albert Ellis besteht ein fester Zusammenhang zwischen einem Ereignis und einer Emotion. Daraus resultiert dann eine Verhaltensreaktion (Wilken, 2005, S. 361). Bewusstsein schaffen, sensibel dafür sein, dass eine Änderung der Einstellung und der Verhaltensweise stattfinden soll, ist der erste Schritt zur Veränderung. Sie müssen dafür bereit sein, dass sich etwas ändern muss. Das Verhalten muss als unangenehm empfunden werden, als schmerzlich, als peinlich, als unerträglich.

Daraus entwickelt sich ein „Case of urgency", eine Dringlichkeit, die förmlich nach einer Veränderung schreit. Der Wille und der Drang etwas zu verändern. Am besten sofort, schnell und nachhaltig.

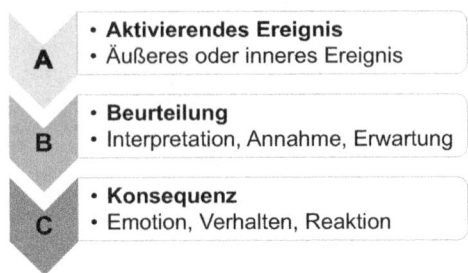

Abb. 2.3 Eigene Darstellung des ABC-Modells nach Ellis

Das ABC-Modell kann dabei helfen, unbewusste Glaubenssätze bewusst zu machen und diese dann in einem weiteren Schritt zu überdenken und ggf. zu ändern. Albert Ellis hat diesen Sachverhalt in seinem ABC-Modell anschaulich dargestellt (Klein, 2012, S. 76), siehe Abb. 2.3.

Zwei Personen können ein und dieselbe Situation unterschiedlich bewerten. Jede Person hat in ihrem Leben Vorerfahrungen gemacht. Eine neue Situation wird also immer mit Blick auf die Vergangenheit und die darin enthaltenen Erfahrungen beurteilt. Jedes Individuum entscheidet für sich selbst, wie es auf einen Sachverhalt reagiert. In Abb. 2.3 ist das ABC-Modell nach Ellis dargestellt. Ein wesentlicher Punkt ist die Beurteilung einer Situation. Wie beurteile, interpretiere ich eine Situation? Welche Annahmen liegen hier zu Grunde? Sehr wichtig ist, dass es keine guten oder schlechten Beurteilungen gibt. Kein richtig oder falsch. Die Beurteilung von Situationen ist so individuell wie die Menschen selbst.

Wie wir gesehen haben, automatisiert unser Gehirn Entscheidungen, je öfter wir sie wiederholen – vergleichbar mit der Entstehung eines Trampelpfads (oben). Über die Jahre jedoch können sich Umstände ändern. Auch Menschen verändern sich und damit die Bewertung einer Situation. Entscheidungen, die früher als richtig gesehen wurden, werden überdacht. Das kann eine innere Inkonsistenz auslösen. Vielleicht macht sich dies zu Beginn durch eine Art Bauchgefühl bemerkbar, dass sich irgendwas bei einer konkreten Situation komisch angefühlt hat.

Gibt es für unser Gehirn eine neue Erfahrung, die jedoch an ein bereits gemachtes Erlebnis erinnert, werden die bestehenden inneren Bilder aufgerufen und angewandt: Es entsteht ein sogenanntes Erwartungsbild. Es gibt in unserem Gehirn gewisse vorgefertigte Muster, die wir permanent mit neuen Ereignissen abgleichen. Das Gehirn möchte die neue Situation gern in die bestehende Erfahrung einordnen. Das Erwartungsbild wird vom Gehirn modifiziert und mit den eingetroffenen Sinnesdaten verglichen. Das Ganze passiert so lange, bis das Erwartungsbild sich mit dem Sinnenreiz deckt: Jetzt haben wir etwas dazugelernt (Hüther, 2015, S. 77).

Wie kann so ein Erwartungsbild aussehen? Vor einigen Jahren war ich im Flughafen unterwegs zu einem Terminal. Dort gibt es im Boden eingelassene Transportmöglichkeiten. Die haben mein Kollege und ich genutzt. Wir haben über ein Thema diskutiert und waren sehr in das Gespräch vertieft. Beim Übergang von dem Transportband auf den normalen Boden war unterbewusst klar: Das fühlt sich ein bisschen wie Bremsen an. Beim Übergang auf das neue Förderband denkt man, dass es sich beschleunigt. In unser Gespräch vertieft, haben wir nicht bemerkt, dass das kommende Transportband ausgeschaltet bzw. defekt war. Wir waren abgelenkt.

Das Gehirn ging aber davon aus, dass das Transportband an ist und sich in die richtige Richtung bewegt. Das Gehirn hat sich auf die nahende Beschleunigung eingestellt. Diese blieb allerdings aus. Der Abgleich mit den bekannten Situationen wurde vom Gehirn erstellt. Es wurde die Erwartungshaltung an die Beine weitergegeben, die aber nicht mit der Realität übereingestimmt hat. Es hat nicht viel gefehlt und ich wäre hingefallen. Das Erwartungsbild hat also nicht mit der Realität übereingestimmt (zum Bewusstwerden der eigenen Erwartung siehe unten).

Zwischen einem Reiz und einer Reaktion liegt unsere persönliche Beurteilung – aktiv und bewusst oder eben automatisiert. In dieser Beurteilung liegt unsere persönliche Freiheit, weil wir dadurch die Möglichkeit haben, uns für eine Reaktion zu entscheiden – vorausgesetzt, wir sind auch bei automatisierten Entscheidungen in der Lage, uns diese bewusst zu machen. Mit dieser Entscheidung beeinflussen wir

Abb. 2.4 Die Entscheidung liegt bei Ihnen. (Eigenes Bild)

unser persönliches Wachstum und unser Glück (Pattakos, 2005, S. 9), siehe Abb. 2.4.

Apropos Wachstum: Hier kommen wir zum Kern des Buches. Auch im Vertrieb ist es so, dass wir oft vor Herausforderungen stehen. Der Zeitdruck, die Masse an Kunden, neue Produkte, neue Anforderungen lassen uns schnell reaktiv werden. Beim neuen dynamischen Mindset im Vertrieb geht es darum, aktiv zu gestalten!

2.3.3 Die Beurteilung macht den Unterschied: Bedrohung vs. Herausforderung

Wie wir eine Situation beurteilen, hat einen großen Einfluss auf den weiteren Verlauf des Geschehens. In der Psychologie spricht man bei einer Neubewertung von kognitiver Umstrukturierung. (Wilken, 2005, S. 357).

Ertappen Sie sich auch manchmal bei Selbstgesprächen? Wir sind permanent am Beurteilen: Ist mir jemand sympathisch oder unsympathisch? Bin ich in einer Situation eher angespannt oder entspannt? Empfinde ich eine Situation als herausfordernd oder bedrohend?

Sehe ich eher die Chancen oder eher die Risiken? Finde ich schnell eine Lösung? Sicherlich fallen Ihnen viele Situationen ein, in denen Sie laut oder leise mit sich selbst reden. Dahinter stecken viele einzelne Beurteilungen. Diese Urteile geben Situationen eine andere Gewichtung und haben oft direkten Einfluss auf unsere Gefühlslage. Z. B. können Stress oder Panik die Folge sein. Gefühle können uns die Füße unter dem Boden wegziehen, dass wir weiche Beine bekommen, wir können einen Blackout oder ein eingeschränktes Sehfeld bekommen.

Ob ich eine Situation als Bedrohung oder Herausforderung sehe, hängt von meiner Beurteilung ab, wie Tab. 2.1 verdeutlicht:

Sie haben Macht darüber, ob Sie sich in Mut, Zuversicht und Umsetzungsstärke hineinreden oder sich für das Gegenteil entscheiden (Eberspächer, 2011, S. 49). Ein positiver, innerer Dialog könnte so aussehen: *Wenn ich mich anstrenge, wenn ich alles, was ich habe, einsetze, dann habe ich eine reale und gute Chance, die Herausforderung zu meistern.*

Ein negativer innerer Dialog welcher Mutlosigkeit, Zaghaftigkeit, Überforderung oder Bedrohung zur Folge haben kann, könnte so aussehen: *Die Aufgabe ist einfach eine Nummer zu groß für mich. Wenn ich*

Tab. 2.1 Ob ich eine Situation als Bedrohung oder Chance sehe, hängt von meiner Beurteilung ab – Beurteilung der Sichtweise Ihrer Situation: Bedrohung oder Herausforderung?

	Bedrohung	Herausforderung
Anforderung	Ich sehe ein großes Problem auf mich zukommen!	Ich sehe eine große Chance auf mich zukommen!
Wie Sie sich selbst wahrnehmen	Ich schaffe das mit meinen Schwächen nicht!	Ich werde meine Stärken einsetzen und bin gespannt, wie das Ergebnis aussieht!
Perspektive	Mit welchen negativen Folgen muss ich leben, wenn ich es nicht schaffe?	Was kann ich gewinnen? Welche Kompetenzen kann ich dadurch lernen oder erweitern?

In Anlehnung an (Eberspächer, 2011, S. 26)

nur daran denke, verliere ich jeden Mut, weil ich nicht weiß, wie ich das überhaupt schaffen kann.

Wenn Sie Ihr Mindset auf echten Optimismus, also auf die Chancen im Privat- und Berufsleben ausrichten, dann entscheiden Sie sich für drei Dinge (Pattakos, 2005, S. 71):

1. Sie entscheiden sich für eine positive Grundeinstellung zur IST-Situation.
2. Sie entscheiden sich dafür, dass es bereits eine Vielzahl von Lösungen für die aktuelle Situation gibt.
3. Sie entscheiden sich dafür, dass diese Möglichkeiten zu Wirklichkeiten werden und Sie daraus neue Energie schöpfen.

Das ist in Vertriebsjobs eine erfolgsentscheidende Erkenntnis…!

Bei der positiven Grundeinstellung zur IST-Situation geht es nicht darum, eine schlechte Situation oder ein negatives Ereignis als gut zu empfinden. Es geht nicht um das reine positive Denken: *Alles wird gut.* Vielmehr geht es darum, dass Sie sich die Möglichkeiten, die neue Realität, ganz bewusst vor Ihrem inneren Auge vorstellen und dadurch sehen können. Die Situation wird als Teil des eigenen Lebens akzeptiert und das Wachstumspotenzial darin wird erkannt.

Mit einem dynamischen Mindset entscheiden Sie sich auch in negativen Situationen, die Verantwortung zu übernehmen und in eine aktive Gestalterrolle zu kommen. Ein Mindset verändert sich je nach Situation und Lebenslage. Es passt sich neuen Herausforderungen an und wird dadurch immer weiterentwickelt. Dies möchte ich im Folgenden anhand zweier Beispiele aus der Praxis verdeutlichen.

Beispiel 1: Vertragsverhandlung
Sie haben als junger Vertriebsmitarbeiter eine große Ausschreibung auf dem Tisch. Sie müssen mehrere Teilpakete anbieten. Sie haben es geschafft, mit den jeweiligen Ansprechpersonen eine Beziehung aufzubauen. Für Rückfragen haben diese stets ein offenes Ohr für Sie. Das Feedback, welches Sie vorab bekommen haben, ist sehr positiv. In Ihrer Firma hat sich herumgesprochen, dass Sie als junger Vertriebsmitarbeiter eine große Ausschreibung bearbeiten. Auf der einen Seite freut

Sie das, auf der anderen Seite erhöht es für Sie innerlich den Druck. Die Erwartungen von Vorgesetzten und deren Chefs werden für Sie zu einer großen Herausforderung. Sie liegen abends wach und überlegen, wie Sie diese Erwartungen überhaupt bewältigen können.

Sie reisen einen Tag zuvor in die Stadt, um am nächsten Morgen pünktlich um 8:00 Uhr bei dem Kunden zu sein. Abends im Hotelzimmer gehen Sie nochmals die Präsentation durch. Sie überprüfen das Angebot. Sie gehen die Agenda durch. Immer wieder kommen bei Ihnen Gedanken des Zweifels auf: *Habe ich etwas vergessen? Werde ich es schaffen? Oder nutzt der Kunde mich nur aus, um beim jetzigen Lieferanten die Preise zu drücken?*

Irgendwann schlafen Sie doch ein, richtig gut geschlafen haben Sie aber nicht. Der nächste Morgen ist da. Sie haben es nicht weit bis zum Kunden. Das Auto stellen Sie auf dem Kundenparkplatz ab. Ein sehr imposantes Firmengebäude. Sie melden sich am Empfang an. Sie sind pünktlich und haben noch etwas Luft. Die Person am Empfang meldet Sie an. Eine Ihrer Ansprechpersonen, die Sie zuvor kennengelernt haben, holt Sie ab und bringt Sie in das Verhandlungszimmer. Bisher lief alles glatt, es lief erstaunlich gut.

Ihre Ansprechpersonen kommen nach und nach. Der verantwortliche Abteilungsleiter im Einkauf und der globale Einkaufsleiter sind ebenfalls beim Termin dabei. Diese wurden Ihnen nicht angekündigt. Die Sitzordnung ist so gewählt, dass Sie auf der einen Seite der Tafel sitzen, Ihr Kunde auf der anderen Seite. Sie fühlen sich verlassen und allein. Hätten Sie das gewusst, hätten Sie Ihren Vorgesetzten oder einen Kollegen mitgenommen. Ihnen war die Reichweite des Termins nicht bewusst.

Diese Situation bedeutet sehr viel Stress für Sie. So eine Situation gab es in Ihrer Karriere noch nicht. Sie können also nicht auf unzählige Erfahrungswerte aus vergangenen Verhandlungen zurückgreifen. Jetzt liegt es an Ihnen, wie Sie im ersten Schritt die Situation beurteilen.

Sie nehmen die Situation an und stellen Ihr Produkt vor. Der Kunde zeigt Begeisterung und meint, dass er ihnen den Auftrag eigentlich gern geben würde. Zugleich bemerkt er aber, dass Ihnen heute keine Zusage gegeben werden kann, da er ein Wettbewerbsangebot eingeholt hat. Beide Angebote sind technisch identisch, allerdings ist der Mitbewerber

Tab. 2.2 Vertragsverhandlung

	Bedrohung	Herausforderung
Anforderung	Ich bekomme den Auftrag nicht	Jetzt kann ich den Kunden endlich überzeugen, weil das Produkt und ich besser sind
Selbstwahrnehmung	Ich kann den Kunden nicht überzeugen, dass ich sein Problem löse	Ich freue mich auf die Verhandlung, weil ich jetzt beweisen kann, was wir alles können!
Perspektive	Ich bekomme sicherlich Ärger von meinem Chef und erreiche meine Verkaufsziele nicht	Ich freue mich auf den Auftrag und die Zusammenarbeit mit dem Kunden!

In Anlehnung an (Eberspächer, Gut sein, wenn's drauf ankommt, von Top-Leistern lernen, 2011, S. 26)

circa 10 % günstiger als Sie. Erneut stellt sich die Frage: Wie reagieren Sie? Wie beurteilen Sie die Situation?

Ein Beispiel hierzu finden Sie in Tab. 2.2.

Beispiel 2: Bewerbungssituation
Sie arbeiten in einem größeren Konzern. In einem Konzerntochterunternehmen wird eine Position ausgeschrieben, die Sie sehr interessiert. Sie haben sich schon länger überlegt, dass Sie sich beruflich verändern möchten. Bisher sind Sie in ihrer jetzigen Position ganz gut zurechtgekommen und möchten gern mehr Verantwortung haben. Sie sind davon überzeugt, dass Sie eine realistische Chance haben, diese Position zu bekommen. Sie haben bei Ihrem Chef schon einmal angedeutet, dass sie gern mehr Verantwortung bekommen möchten. Ihr Chef hält viel von Ihnen und unterstützt Sie, wo er kann. Er hat Sie auch auf entsprechende Weiterbildungsmaßnahmen geschickt und Sie sind im internen Nachwuchsführungskräfte-Pool. Darauf sind Sie stolz. Sie bewerben sich auf die Position und nur ein paar Tage später sehen Sie bei einem Jobportal, dass die Stelle extern ausgeschrieben wird. Ihr innerer Dialog fängt an (siehe Tab. 2.3):

Tab. 2.3 Bewerbungssituation

	Bedrohung	Herausforderung
Anforderung	Ich bekomme die Stelle nicht, sonst hätten Sie die Stelle nicht extern ausgeschrieben	Vermutlich mussten Sie die Stelle wegen des Betriebsrats auch extern ausschreiben. Ich werde zeigen, dass ich der Richtige bin
Selbstwahrnehmung	Ich genüge nicht	Ich freue mich auf das Vorstellungsgespräch, weil ich jetzt beweisen kann, was ich alles kann!
Perspektive	Das war es jetzt mit meiner Karriere im Konzern – das wird nichts mehr	Ich bin gespannt, welche neuen Möglichkeiten sich beruflich ergeben

In Anlehnung an (Eberspächer, 2011, S. 26)

Um die zunächst Enttäuschung hervorrufende Situation als Herausforderung zu beurteilen und anzugehen, ist es eine gute Vorgehensweise, sich Situationen abzurufen, bei denen Sie erfolgreich waren. Konkret bedeutet dies: Sie stellen sich eine Situation vor, in der Sie bereits aufgrund Ihrer Fähigkeiten eingestellt wurden. Durch dieses gezielte Aufrufen Ihrer inneren Bilder bekommen Sie Kraft und nutzen Ihre Gedanken als Magnet, statt sich davon bestimmen oder gar runterziehen zu lassen. Sie handeln souverän und können Ihre Gedanken und somit auch Ihr Handeln wieder aktiv steuern (Abschn. 7.3).

2.4 Neue innere Bilder erzeugen eine andere Haltung

Um eine Beurteilung der Situation als Herausforderung zu vollziehen bzw. eine vorhandene Beurteilung des Gegebenen als bedrohlich zu ändern, muss man seine bisherige gewöhnliche Beurteilungsweise zunächst wahrnehmen. Gelingt es Ihnen im Anschluss, diese Beurteilung zu ändern und den Pfad zu neuen inneren Bildern einzuschlagen, die ihre Vorgehensweise bestimmen sollen, verändert dies ihr

Mindset sofort dahingehend, dass sie mit einer anderen Haltung und Handlungsweise an die Situation herantreten.

Der Zusammenhang zwischen Emotion und Situation ist in der Psychologie nachgewiesen. Auch körperliche Reaktionen können in diesem Zusammenhang auftreten (Birbaumer & Schmidt, 2010, S. 175). Doch was bedeutet dies für den vertrieblichen Kontext? Im Vertrieb gibt es immer wieder sehr herausfordernde und manchmal auch beängstigende Situationen. Je nach Persönlichkeit und Arbeitgeber können die Auswirkungen variieren. Wenn eine Situation als Bedrohung wahrgenommen und (intuitiv) beurteilt wird, führt das meist zu Stress- oder ähnlichen körperlichen Reaktionen. Auch hier kann bereits allein der Gedanke an eine positiv belegte vergleichbare Situation positive körperliche Reaktionen hervorrufen. Innere Bilder in Form von Erinnerung an Situationen, in denen Sie sich sicher gefühlt haben, verändern die emotionale Stimmung, die zusammen mit der Beurteilung die zweite Säule des Mindsets bildet (vgl. Abb. 2.2: Begriffsdefinition Mindset).

Klar gehört hier auch Übung dazu. Diese inneren Bilder regelmäßig abzurufen, auch wenn keine Stresssituation vorhanden ist, hilft dabei, die Bilder auch dann abzurufen, wenn Sie es dringend benötigen. Dazu können Sie auf die folgende Übung zurückgreifen.

Übung: Innere Bilder abrufen
Schreiben Sie ein für Sie stimmiges inneres Bild auf, welches zu Ihnen passt. Dabei spielt der Kontext weniger eine Rolle. Es kann in privatem Umfeld oder auch in einer geschäftlichen Situation sein. Dieser mentale Rückzugsort kann Ihnen in einer Beurteilungssituation helfen (Metzger, 2023).

Beschreiben Sie die Situation, in der Sie sich sicher gefühlt haben (Tab. 2.4).

Tipp Stellen Sie sich ihren Wecker am Smartphone mehrmals täglich um die gleiche Zeit, wo Sie kurz innehalten und sich diese Situation bewusst abrufen. Das Einüben dieser Situation hilft Ihnen dann, wenn Sie die Erinnerung benötigen.

Tab. 2.4 Analysefragen für ein stimmiges inneres Bild

An welchem Ort waren Sie?	
Wer war dabei?	
Was waren die Rahmenbedingungen (Wetter, Temperatur, Tageszeit, …)?	
Welche Emotionen haben Sie wahrgenommen?	
Was haben Sie gemacht?	

Diese Situation, das Erlebnis, auf das Sie bewusst zugreifen können, kann für Sie sehr wertvoll sein, wenn Sie in einer herausfordernden Situation sind – das können z. B. kritische Vertragsverhandlungen sein. Was kann Ihnen in so einer Stresssituation helfen? Stellen Sie sich z. B. eine Situation vor, in der Sie richtig gut gehandelt haben. Eine Situation in der Sie Ihre eigenen Erwartungen übertroffen haben. Es ist gut, dies als Routine zu etablieren. Denn durch Routinen verändern Sie Ihre inneren Bilder und damit Stück für Stück auch Ihr Mindset. Deshalb wollen wir uns im nächsten Schritt noch konkreter mit der Methodik der Routine auseinandersetzen.

Literatur

Birbaumer, N., & Schmidt, R. (2010). *Biologische Psychologie*. Springer Medizin.
Dweck, C. (2020). *Selbstbild, Wie unser Denken Erfolg oder Niederlage bewirkt*. Piper.
Eberspächer, H. (2011). *Gut sein, wenn's drauf ankommt, von Top-Leistern lernen*. Hanser.
Hüther, G. (2015). *Die Macht der inneren Bilder; Wie Visionen das Gehirn, den Menschen und die Welt verändern*. Vandenhoeck & Ruprecht.

Hautzinger, M., & Hoffmann, N. (2022). Einstellungen und Grundüberzeugungen ändern. In M. Linden & M. Hautzinger (Hrsg.), *Verhaltenstherapiemanual – Erwachsene* (S. 327–333). Springer.

Hubry, J. (2009). *Kognitionsstrukturen und internationale strategische Entscheidungsprozesse von ManagerInnen in Europas 500 schnell wachsenden KMU*. Karl-Franzen-Universität Graz.

Klein, S. (2012). *50 Praxistools für Trainer, Berater, Coachs*. Gabal.

Margraf, J. (4 2020). „Soziale Ungleichheit und Psychische Gesundheit" im Fokus auf dem Jahreskongress Psychotherapie Wissenschaft Praxis 2020. *Psychotherapeuten Journal*, 425–426.

Metzger, P. (2023). Chance oder Krise? – Mindset und Erwartungsmanagement richtig einsetzen. In P. Plugmann, C. Kastner, C. Jacob, & D. Hesmer (Hrsg.), *Innovative Unternehmensführung Erprobte Strategien, Techniken und Booster, die Unternehmen und Start-ups zukunftsfähig machen* (S. 401–411). Springer Fachmedien Wiesbaden GmbH.

Pattakos, A. (2005). *Gefangene unserer Gedanken, Viktor Frankels 7 Prinzipien, die das Leben und Arbeit Sinn geben*. Linde.

Sendera, A., & Sendera, M. (2016). *Skills-Training bei Borderlineund Posttraumatischer Belastungsstörung*. Springer.

Wilken, B. (2005). Kognitive Umstrukturierung. In F. Petermann & R. Hans (Hrsg.), *Handbuch der Klinischen Psychologie und Psychotherapie* (S. 357–364). Hogrefe Verlag GmbH & Co. KG.

3

Routinen

Zusammenfassung In dem folgenden Kapitel geht es um die Veränderung des Mindsets durch Routinen. Sie lernen zwei Werkzeuge kennen, die eine Veränderung von einem statischen in ein dynamisches Mindset auslösen können: Achtsamkeit und Skills. Die Achtsamkeit hinterfragt die eigene Wahrnehmung und daraus resultierende Reaktionen, während es bei den Skills um einen gezielten Umgang mit stressigen Situationen durch Abwehrmechanismen geht. Zum Schluss soll die Analogie des Leistungssports aufzeigen, wie Routinen konkret eingeübt werden können.

3.1 Veränderung durch Routinen

Beim Ändern des Mindsets geht es darum, sich dem persönlichen Einfluss auf das Denken, Fühlen, Handeln und Körperempfinden bewusst zu werden. Denn jedes Mindset ist so individuell wie der Mensch selbst. In einem statischen Mindset gehe ich davon aus, dass die Gedanken, Gefühle, das Handeln und persönliche Körperempfinden nur sehr bedingt beeinflussbar sind. Dinge passieren mir. Gefühle überwältigen

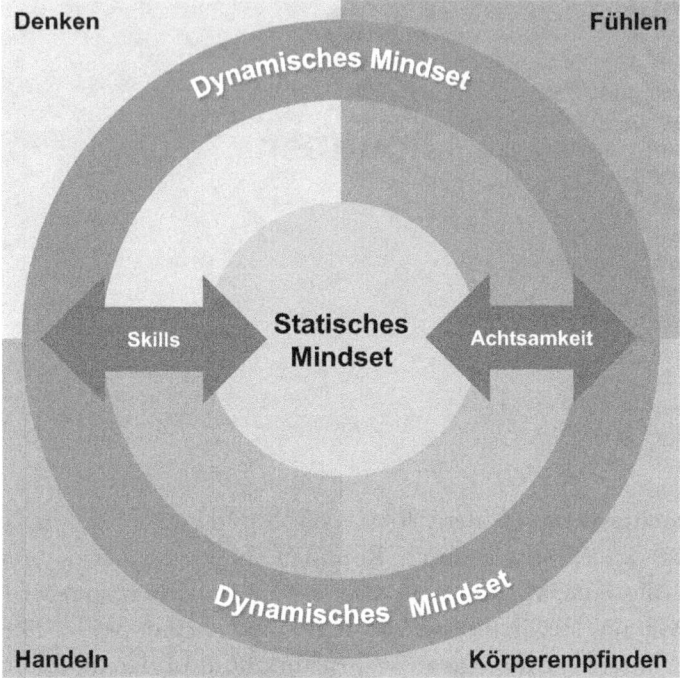

Abb. 3.1 Mindset und Einflussnahme zur Veränderung

mich. Wenn ich in Rage bin, habe ich wenig Einfluss auf meinen Körper. In Abb. 3.1 (Mindset und Einflussnahme zur Veränderung) sehen Sie die vier Bereiche des Mindsets und die Stellschrauben der Skills und der Achtsamkeit.

Eine Veränderung des Mindsets kann nur dann erfolgen, wenn die Person das selbst auch möchte. Um eine solche Veränderung von einem statischen hin zu einem dynamischen Mindset vollziehen zu können, ist zunächst das Ziel, dass Sie die Kontrolle über die genannten Bereiche weiter ausbauen. Jedoch muss etwas Unangenehmes, das einem passiert ist, nicht immer gleich ein Grund für eine Veränderung des Mindsets sein. Es gibt Situationen, da ist es wichtig und richtig, dass man sich unbehaglich fühlt oder auch überreagiert. Man muss dann nicht gleich sein Mindset oder seine grundsätzliche Einstellung hinterfragen. Außerdem darf bedacht werden, dass jedes Mindset über Jahre oder auch Jahrzehnte entstanden ist. Geben Sie sich deshalb Zeit und haben Sie Geduld mit sich selbst bei der persönlichen Veränderung.

Wenn sich aber der Wunsch nach Veränderung in einem selbst regt, dann sollte man aktiv werden – und sich zum Beispiel mit dem Thema Achtsamkeit beschäftigen. Manchmal gibt es auch Menschen, die sich von uns wünschen, dass wir uns verändern. Die Entscheidung darüber, ob und wie Sie diesen Wunsch verwirklichen, muss von Ihnen selbst getroffen werden.

Wenn Sie selbst eine Veränderung anstreben, geht das nur über das Einüben von Routinen. Denn diese sind der zweite Hauptbestandteil unseres Mindsets nach den inneren Bildern (Abb. 2.2: Begriffsdefinition Mindset). Deshalb möchte ich an dieser Stelle nochmals an das Bild des Trampelpfads durch eine Wiese in Abschn. 2.2 erinnern. Hier wurde bereits deutlich, dass es sich bei unseren Gedanken und damit verbundenen Verhaltensmustern um ein antrainiertes, über Jahre erlerntes Verhalten handelt. Dasselbe gilt auch für Routinen. Wenn wir sie erst eingeübt haben, helfen sie dabei, Arbeiten oder Dinge zu erledigen, die regelmäßig ausgeübt werden. Bewusst gelernte Routinen können auch in Stresssituationen helfen.

Zwischen inneren Bildern und Routinen besteht aber auch ein wichtiger Gegensatz: Die Entstehung neuer Bilder ist zunächst ein *unbewusster,* jahrelanger Prozess. Eine Haltung oder ein Verhalten entwickelt sich durch *unbewusstes* Wiederholen und *automatisches* Durchleben verschiedener Situationen.

In Vertriebssituationen können das zum, Beispiel sein: Sie haben einen Kunden, der Sie in Stress versetzen kann. Das möchten Sie ändern. Hier kann es z. B. hilfreich sein, die eigene Körperwahrnehmung zu trainieren, um frühzeitig zu erkennen, wann sie gestresst sind. Sie haben einen Kunden, der immer nur dann kommt, wenn Sie als Lückenbüßer einspringen müssen. Daher bekommt der Kunde nur eine Minimalbetreuung und Sie sind auch nicht sonderlich begeistert, wenn der Kunde sich meldet. Diese automatische Abfolge zu erkennen, ist der erste Schritt für eine Veränderung. Eine Lösung kann so aussehen, dass Sie den Kunden direkt auf die Situation ansprechen: „Mir kommt es so vor, dass Sie bei mir immer nur dann anrufen, wenn bei Ihrem Hauptlieferanten etwas schiefgelaufen ist. Was halten Sie davon, wenn ich

Ihnen aus der Patsche helfe und wir uns in Ruhe zusammensetzen und besprechen, wie wir bei Ihnen Hauptlieferant werden können.

Sie haben ein wichtiges Gespräch mit einem Kunden vor sich. Dort geht es um ein neues Produkt, welches Sie gerne liefern möchten. Klar können Sie denken: „Wenn ich das neue Produkt nicht bekomme, wird der Kunde über kurz oder lang ganz abwandern." Oder Sie denken: „Jetzt habe ich die Chance die Erwartungen des Kunden zu übertreffen und erreiche dadurch eine noch bessere Kundenbindung."

Erst wenn es zu Grenzerfahrungen kommt und gewisse Themen oder Bereiche hinterfragt werden, kann es zu einer Bewusstwerdung der eigenen Muster kommen. Routinen hingegen bilden eine *bewusste* Entscheidung ab. Sie beschreiben ein kognitives *Erlernen* von gewissen Verhaltensmustern, die sich dann situativ abrufen lassen.

Eine Routine kann auf unterschiedliche Weise helfen. Sie hilft, wenn Sie in einer Situation sind, die Sie als schwierig erachten, aber etwas Ähnliches schon einmal durchlebt haben. Sie finden im Abgleich mit der alten Situation eine Lösung für die neue Gegebenheit. Eine Routine kann dabei helfen, eine komplett andere Situation so zu bewerten, dass Sie eine bereits erlernte Routine nutzen können. Dabei dient die Routine sozusagen als Schema, als Blaupause für zukünftige Ereignisse.

Wenn Sie in Situationen kommen, die Sie als schwierig einstufen, können Ihre Erfahrungswerte weiterhelfen:

Verhandlungssituation 1:
Sie sitzen in einer Vertragsverhandlung und der Kunde kommt mit zusätzlichen Anforderungen an Ihr Produkt, möchte dafür aber nicht mehr bezahlen. Da Sie diese Situation bei anderen Kunden schon mehrfach erlebt haben, kennen Sie diese Taktik und wissen, wie Sie darauf reagieren können. Sie werden also nicht aus Ihrer Routine geworfen. Sie können sich auf Ihre Erfahrungen und Routinen verlassen, da Sie in der Vergangenheit Erfahrungen gemacht haben, dass Sie die Situation gut meistern werden. Das gibt Ihnen zusätzlich Sicherheit.

Verhandlungssituation 2:
Sie sitzen ebenfalls in einer Verhandlung. Das erste Mal an einem neuen Standort von dem Kunden, den Sie noch nicht kennen. An diesem Termin sind neue Verantwortliche dabei, die nicht angekündigt waren. Sie konnten sich nicht richtig auf den Termin vorbereiten, da der Kunde Ihnen nicht alle Informationen gegeben hat, die Sie benötigt hätten. In dem Termin kommt noch eine neue Anforderung auf Sie zu. Der Kunde verlangt von Ihnen die Ausfuhr von Produkten in ein Drittland.

In einem Vieraugengespräch gibt Ihnen der entscheidungsverantwortliche Kunde den Hinweis, dass Sie für den Einfuhrprozess einen Agenten benötigen, der dann dem Zoll vor Ort „etwas zusteckt". Sie sind im ersten Moment etwas perplex. Sie überlegen sich: *Habe ich das gerade richtig verstanden?*

Hier kann eine Routine hilfreich sein. Wie gehe ich mit unlauteren Methoden beim Kunden um? Eine Reaktion kann sein*: Unsere Firma handelt streng nach gesetzlichen Vorschriften. Bestechung von Zollbeamten werden wir nicht machen.*

In der Regel sind es drei Richtungen, in welche unsere Gedanken abschweifen, die für uns eine scheinbar magnetische Anziehung ausüben. Gerade vor größeren Entscheidungen oder Terminen, oder einer wichtigen Verhandlung, können diese Gedanken uns in Beschlag nehmen. Sie schweifen mehrfach am Tag oder vor dem Einschlafen nachts ab und überlegen sich: *Was wäre, wenn...?!* (Eberspächer, 2011, S. 29–34):

3.1.1 Anforderungen

Bewerten Sie eine Anforderung als groß bzw. schwierig, können sich Zweifel breit machen, die Ihnen suggerieren, dass Sie der Anforderung nicht gewachsen und die erlernten Routinen nicht ausreichend sind. Top-Leister vertrauen in solchen Situationen ihrem Können und haben Zuversicht, dass Sie die Herausforderung meistern werden. Diese Personengruppe hat ein hohes Maß an Eigenverantwortung.

Durch den Einsatz selbsterlernter Bewältigungsstrategien geben Sie der Herausforderung eine neue Deutung. Die Schwierigkeit wird verharmlost, negiert, relativiert oder ignoriert.

3.1.2 Ansprüche

Durch die Ansprüche wird die mentale Beanspruchung in uns gesteigert. Diese Ansprüche können von uns selbst kommen, d. h., wir selbst haben einen hohen Anspruch an das, was wir tun. Sie können aber auch von der Gesellschaft, dem Vorgesetzten, dem Vorstand, dem Aufsichtsrat, dem Kunden, dem Partner stammen – also von außen. Wenn Sie diesen Ansprüchen, die oft aus unterschiedlichen Richtungen kommen, in Ihnen Raum geben, werden diese den mentalen Druck auf Sie erhöhen. Die Erwartungshaltung an Sie selbst kann dann so groß werden, dass die bisherigen Routinen nicht mehr funktionieren.

3.1.3 Konsequenzen

Wenn Sie sich bildhaft vorstellen, was alles bei einem Termin schief gehen kann, kommen Ihnen umso mehr Zweifel, ob Sie der Situation überhaupt gewachsen sind. Die Gedanken kreisen um die möglichen sozialen, beruflichen, familiären oder physischen Konsequenzen. Gedanken wie: *Was wäre, wenn…?!* sind ein Abwärtsstrudel.

Nur wenn Sie jetzt einsehen, dass Sie die Zukunft nicht voraussagen können, kann die Gedankenspirale durchbrochen werden, indem Sie Ihren Fähigkeiten vertrauen und davon überzeugt sind, dass Sie gut aufgestellt sind.

Um die mentale Anspannung auf ein gutes, motivierendes Maß zu regulieren, braucht es die Umdeutung der Gedanken durch innere Bilder, wie in Tab. 2.1 (Ob ich eine Situation als Bedrohung oder Chance sehe, hängt von meiner Beurteilung ab) beschrieben.

Die Kombination aus der Beurteilung des Problems als Herausforderung (Abschn. 2.3.3) und Routine ist ein Schlüssel zum Erfolg. Nachdem wir den ersten Teil bereits ausführlich behandelt haben, wollen wir nun die Werkzeuge der Routine, mit denen sich eine konkrete Veränderung zum dynamischen Mindset vollziehen lässt (Abb. 3.1: Mindset und Einflussnahme zur Veränderung), im Detail kennenlernen.

3.2 Achtsamkeit

Achtsamkeit ist eine Möglichkeit, das Mindset zu beeinflussen. Dabei beeinflusst sie die Denkweise nicht direkt, sondern über die Sensibilisierung der Selbstwahrnehmung. Die eigenen Empfindungen *Fühlen, Denken, Handeln* und *Körperempfinden* können besser wahrgenommen werden. Auch Stresssymptome werden schneller wahrgenommen. Diese Wahrnehmung hilft dann dabei, die Beurteilung einer Situation besser zu gestalten und so souveräner zu reagieren.

Je nachdem, aus welchem Kontext Sie kommen, kann Achtsamkeit bei Ihnen positiv belegt sein. Dann sehen Sie Achtsamkeit als ein Hilfsmittel, um sich besser zu fokussieren, mehr bei sich selbst zu sein, oder um sich einfach wohler zu fühlen. Assoziieren Sie Achtsamkeit jedoch negativ, dann ist diese für Sie vielleicht eher in der Esoterik oder im Bereich Wellness verankert.

Ziel der Achtsamkeit ist es, dass Sie Gefühle wahrnehmen, ohne diese gleich zu bewerten. Dies gilt sowohl für störende als auch für angenehme Gefühle.

Achtsamkeit kann am besten damit beschrieben werden, dass gezielt **nicht** die Wahrnehmung des **Augenblicks** bewertet wird. Der Moment wird bewusst ohne Wertung gelebt (Bohus & Wolf-Arehult, 2021, S. 73). Achtsamkeit ist mehr eine innere Haltung, eine auf den individuellen Fähigkeiten und der eigenen Identität basierende Sichtweise der Dinge und der Welt.

Es wird in der Achtsamkeitspraxis also beobachtet. Es wird wahrgenommen, Informationen werden registriert, ohne eine entsprechende Aktion in Erwägung zu ziehen. In Abschn. 2.3.2 habe ich das ABC-Modell nach Ellis genauer definiert. Hier wurde gezeigt, dass zuerst ein aktivierendes Ereignis vorherrschen muss, damit anschließend die

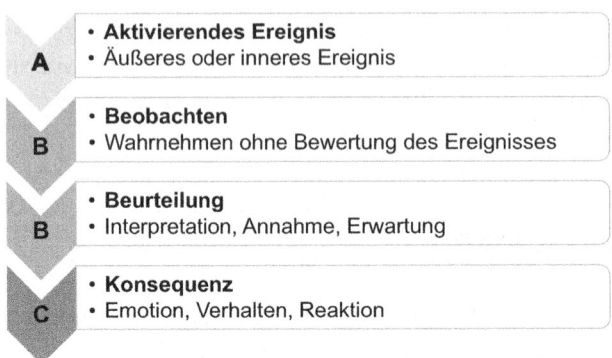

Abb. 3.2 A2BC Weiterentwicklung des ABC-Modells nach Ellis mit integrierter Achtsamkeit

Beurteilung stattfinden kann. Die Beurteilung beinhaltet die Interpretation, eine innere Überzeugung oder eine gewisse Erwartungshaltung an das Ergebnis. Die Konsequenz daraus sind dann Emotionen, ein bestimmtes Verhalten oder eine Reaktion.

In Abb. 3.2 wird das ABC-Modell durch Achtsamkeit, hier mit dem Begriff Beobachten, angereichert. Die Beobachtung beschreibt das neutrale Wahrnehmen der Ereignisse. Es werden keine Beurteilungen, keine Interpretationen abgegeben. Dadurch wird die innere Distanz zu dem beobachteten Ereignis trainiert – zum Beispiel kann das Ereignis sein, dass Ihr Konkurrent die Preise deutlich gesenkt hat. Jetzt werden Sie von Ihrem Einkäufer angerufen und er teilt Ihnen dies mit. Wenn Sie dies ohne Bewertung wahrnehmen, spricht man von professioneller Rollendistanz. Wenn allerdings gleich nach der Mitteilung des Einkäufers das „Kopfkino" anfängt zu laufen – „Den Kunden kann ich vergessen", „Wo kann ich den verlorenen Umsatz bloß wieder holen?" – haben Sie möglicherweise eine zu geringe Distanz zu Ihrer Rolle als Profivertriebler.

3.2.1 Trainieren der Achtsamkeit

3.2.1.1 Bewusste Wahrnehmung

Geschulte Wahrnehmung hat viel mit Achtsamkeit zu tun. Das bewusste Wahrnehmen kann trainiert werden. Ähnlich wie beim Erlernen einer neuen Sportart oder Sprache gehört hier viel Übung dazu. Die Beobachtung kann durch einfache Dinge geschult werden. Es kann helfen, sich ganz bewusst auf die eigene *Atmung* zu konzentrieren. Probieren Sie es doch vor einem Termin mal aus.

Zu spüren, wie sich beim Einatmen der Brustkorb hebt, und beim Ausatmen der Brustkorb senkt.

Das hört sich banal an. Möglicherweise kommt Ihnen dies zu Beginn befremdlich vor. Hier wäre die erste Wahrnehmung: Das fühlt sich für mich befremdlich an. Eine Beurteilung wäre: Es fühlt sich fremd an. Und das Ganze auszuhalten, ohne eine Beurteilung vorzunehmen, ist der erste Schritt beim Trainieren der Wahrnehmung.

- *Schmecken:* Eine weitere Möglichkeit beim Wahrnehmungstraining kann sein, dass Sie ganz bewusst eine Sauerkirsche oder einen sauren Apfel essen. Sie nehmen den sauren Geschmack bewusst war. Sie nehmen Ihre körperlichen Reaktionen darauf war. Sie spüren, wie sich durch die Säure im Mund der Speichelfluss erhöht. Sie spüren, wie Sie Ihre Augen zusammenkneifen und Ihre Stirn runzeln.
- *Hören:* Sie machen einen Spaziergang im Wald. Sie laufen einige Minuten und bleiben dann stehen. Schließen Sie die Augen und konzentrieren sich darauf, was Sie hören. Sie hören die Vögel zwitschern. Wenn ein leichter Wind geht, hören Sie, wie die Blätter rascheln. Wenn Sie in der Nähe eines Ameisenhügels sind, hören Sie das leichte Rascheln der Ameisenbeine auf dem Laub.
- *Riechen:* Ebenfalls sehr schön im Wald zu erleben ist, wenn Sie einfach stehen bleiben und die frische Waldluft einatmen. Sie riechen die Luft, das Laub, das Harz der Fichten. Hat es zuvor geregnet, hat der Wald einen ganz eigenen Geruch.

- *Sehen:* Blicken Sie in die Landschaft und nehmen wahr, was Sie sehen. Vielleicht haben Sie die Landschaft schon unzählige Male gesehen. Beim konzentrierten Betrachten werden Ihnen ganz neue Aspekte auffallen.
- *Fühlen:* Beim konzentrierten Ein- und Ausatmen können Sie wahrnehmen, wie sich Ihr Brustkorb hebt und senkt, wie sich die Luft beim Aus- und Einatmen anfühlt.

Am einfachsten ist es, wenn diese Trainingseinheiten in den Alltag integriert werden. Zum Beispiel können Sie ihren Wecker am Smartphone zu jeder vollen Stunde vibrieren lassen – als Erinnerung, zum Beispiel dreimal tief ein- und auszuatmen. Dabei konzentrieren Sie sich darauf, wie sich das Ein- und Ausatmen anfühlt. Je einfacher Sie diese Übungen in den Alltag integrieren, umso wahrscheinlicher ist es, dass Sie diese regelmäßig umsetzen. Es reicht, die Übung fünf bis zehn Minuten lang zu machen. Zu Beginn kann es hilfreich sein, dass die Übungen zu einem festen Zeitpunkt gemacht werden. Und wie bei jedem Lernprozess, dauert es lange, bis es in den Alltag übergeht. Bis zu sechs Wochen dauert es, um eine neue Gewohnheit zu etablieren (Bohus & Wolf-Arehult, 2021, S. 78).

3.2.1.2 Stressbewältigung durch Achtsamkeit

Psychosozialer Stress wie z. B. Leistungs- und Zeitdruck hat einen negativen Einfluss auf die Gesundheit. Dieser Stress schwächt das Immunsystem und dadurch können sogar Entzündungen entstehen. Chronisch psychosozialer Stress beschleunigt zudem das Altern (Dusek et al., 2008, S. 5). Stress hat also eine Menge negativer Auswirkungen auf den Körper und die Psyche.

Achtsamkeit ist ein Aspekt folgender Praktiken:
Eine Studie aus den USA hat gezeigt, dass körperliche Entspannungsreaktionen, sogenannte „Relaxation Responses", durch geistig körperliche Übungen hervorgerufen werden können. Unter geistig körperliche

Übungen fallen z. B. Meditation, Yoga, Progressive Muskelentspannung, Gebet, ...

Was genau versteht die Studie unter diesen Entspannungsreaktionen, welche durch die Übungen ausgelöst werden können? Die Studie hat gezeigt, dass durch die regelmäßigen Übungen eine Besserung stressbedingter Erkrankungen wie z. B. Herz-Kreislauf-, Autoimmun- und anderen entzündlichen Erkrankungen sowie die Reduzierung von Schmerzen erfolgen kann (Dusek et al., 2008, S. 6).

Haben Sie eine teure Maschine im Einsatz, sind gewisse Prozessparameter relevant. Wenn einige dieser Parameter zu hoch oder zu niedrig eingestellt sind, ist die Prozessqualität nicht mehr gegeben. Sie müssen rechtzeitig eingreifen, um die gewünschte Qualität zu erreichen. Im schlimmsten Fall kann die Maschine beschädigt werden. Haben Sie die Verantwortung für einen teuren Maschinenpark in einer Produktionsstätte, werden Sie alles daransetzen, dass die Einsatzfähigkeit Ihrer Maschinen bei nahezu 100 % liegt.

Fahren Sie mit Ihrem Auto mit zu hoher Kühlertemperatur, wird Ihr Auto irgendwann einen Schaden davontragen. Leuchtet die Temperaturlampe auf, ist es besser, eine Werkstatt aufzusuchen. Erscheint die Warnung im Display, dass das Parklicht vorne links defekt ist, tauschen Sie die Birne vermutlich aus. Blinkt beim Autofahren die Kraftstoffreserveleuchte, haben Sie eine Warnung, dass Ihr Treibstoff nur noch eine gewisse Anzahl von Kilometern reicht. Wenn Sie auf der Autobahn sind, ist es sinnvoll, die nächste Ausfahrt aufzusuchen, um eine Tankstelle zu suchen. Es ist denkbar ungünstig, mit leerem Tank auf der Autobahn stehen zu bleiben. Das kann teuer werden und man muss viele Fragen beantworten ...

Was im technischen Bereich verständlich und relativ einfach ist, fällt doch im persönlichen oft schwer. Warum ist das so? Leuchtet eine Warnlampe auf, wissen Sie was zu tun ist. Es gibt Sensoren, die miteinander kommunizieren. Eine Software im Hintergrund sorgt dafür, dass ein Lösungsvorschlag gemacht wird, oder ein Fehlercode schlägt den Austausch eines Bauteils vor.

Auf den Menschen übertragen, ist es gar nicht so einfach. Was wir durch Software auf Maschinen übertragen, lässt sich beim Menschen nicht delegieren. Sie können nicht erwarten, dass andere Personen Ihnen mitteilen, wie es Ihnen geht. Vermutlich haben Sie enge Vertraute, denen Sie erlauben, Ihnen Feedback zu geben. Diese können Ihnen signalisieren, dass Sie möglicherweise gestresst sind. Kommen allerdings schon andere Personen auf Sie zu und teilen Ihnen mit, dass Sie gestresst sind, dann leuchten im übertragenen Sinne schon mehrere Warnlampen auf.

Kennen Sie Ihre persönlichen Stresssymptome?
Profisportler haben eine trainierte Selbstwahrnehmung. Neben ihren sportlichen Aktivitäten wird auch die Körperwahrnehmung trainiert. Der Sportler weiß also, wie es sich anfühlt, wenn er auf eine Situation mit Stress reagiert. Er kennt seine körperlichen Reaktionen. Der Profisportler weiß, wie es sich anfühlt, wenn er sich zu sehr ablenken lässt, weil er Stress wahrnimmt und dann seinen Fokus verliert. Er kann entscheiden, dass er nicht eine generell gestresste Person ist, und kann wahrnehmen, was genau ihn stresst und auf welche Bereiche dieser Stress einen Einfluss haben wird.

Achtsamkeit schult die Körperwahrnehmung. Ein erster Schritt ist zu erkennen, wann Sie gestresst sind oder welche äußeren Faktoren Sie veranlassen, sich gestresst zu fühlen. Zugrunde liegt hierbei Ihre Beurteilung der Situation, hierzu der Verweis auf Abschn. 2.3.2 (Bewusstsein schaffen: Das ABC-Modell nach Ellis). Wenn Sie sich die Dinge notieren, die Sie in Stress versetzen und über einen gewissen Zeitraum beobachten, werden Ihnen vielleicht ganz neue Situationen oder Gefühle deutlich. Das ist gut investierte Zeit in ihre Zukunft. Früher und besser zu erkennen, wann Sie gestresst sind, oder was Sie in Anspannung bringt, lässt sie souveräner, professioneller und besser auf die jeweilige Situation reagieren. Hier kann das Ausfüllen der in Abb. 3.3: Erstellen der eigenen Liste mit Gefühlen und körperlichen Reaktionen dargestellten roten, grünen und orangene Zone helfen.

Finden Sie dabei heraus, welche Gefühle sich bei Ihnen wie äußern. Dieses Wissen hilft Ihnen dann zu erkennen, wann Sie an sich Stresssignale wahrnehmen. Diese Wahrnehmung allein hilft Ihnen dann schon dabei, das Stresslevel zu senken.

Abb. 3.3 Vorgefertigte Gedanken steuern unser Verhalten. Eigenes Bild.

Selbstgespräche: Wie wir über uns reden
Neben solchen körperlichen Methoden stellen auch die Selbstgespräche eine wichtige Routine dar, um die Achtsamkeit bewusst zu fördern. Ähnlich wie bei den bereits beschriebenen inneren Bildern haben Selbstgespräche einen Einfluss auf unsere Emotionen und unser Verhalten. Abb. 3.3 zeigt einen vorgefertigten Weg. Es handelt sich um eine Steigerung des Trampelpfads (vgl. oben). Wenn ich merke, dass der vorher definierte Weg, auf dem ich mich befinde, nicht gut für mich ist, möchte ich abbiegen. Dazu muss ich mir selbst einen neuen

gedanklichen Weg bauen, den ich in Zukunft gehen kann. Durch Selbstgespräche verändere ich die Beurteilung der Situation und dadurch meine eigene Denkstruktur. Somit ist dieser Weg bewusst und eigenständig erschaffen und gründet nicht wie der Trampelpfad auf spontanen Erfahrungen und Entscheidungen, siehe Abb. 3.3.

Übung (unten)
Haben Sie sich schon einmal dabei ertappt, wie Sie Selbstgespräche führen? Wie reden Sie mit sich selbst? Oft haben unsere Selbstgespräche etwas mit der Beurteilung von uns selbst zu tun. Würden Sie diese Sätze, die Sie zu sich selbst sagen, auch zu ihrem besten Freund sagen? Die Fragen in Tab. 3.1 können bei der Analyse der Selbstgespräche helfen.

Im Spitzensport wird unter Selbstgesprächen verstanden, wenn eine Person ihre Gedanken durch die Gespräche steuern kann, um eine Handlung oder eine Bewegung – positiv – zu begleiten. Bei vielen Sportlern lässt sich jedoch feststellen, dass vor oder während einer Wettkampfsituation *negative* Selbstgespräche dominieren (Mayer & Hermann, 2015, S. 13). Durch eine gezielte Regulation und gezieltes Training der Selbstgespräche (sog. Stressempfindungstraining) können positive Gespräche mit sich selbst eingeübt werden, mit dem Ziel, durch neu gesteuertes Denken die Sportler zu Höchstleistungen zu bringen. Der Sportler stellt sich dazu den tatsächlichen Bewegungsablauf vor und begleitet ihn gleichzeitig durch das Selbstgespräch. Der Monolog dauert genauso lang wie die Bewegungsdurchführung etwa eines Stabhochspringers (Mayer & Hermann, 2015, S. 31). Je lebhafter und intensiver

Tab. 3.1 Analysefragen für Selbstgespräche

Was war der Inhalt Ihrer Selbstgespräche?	
An welchem Ort fanden sie statt?	
Was waren die Rahmenbedingungen?	
Wer war dabei?	
Welche Gefühle haben Sie empfunden?	
Gab es körperliche Reaktionen?	

ein Sportler gewisse Bewegungsabläufe verbal begleiten und sich vorstellen kann, umso wirksamer wird dieses mentale Training. Wenn eine Person sich bereits zutraut, ein hohes Ziel zu erreichen, reicht allein schon die Anweisung zum Vorstellungstraining. Z. B.: „Stell dir den optimalen Abschlag vor!" (Mayer & Hermann, 2015, S. 32). Hat eine Person hingegen eine nur sehr schwach ausgebildete Vorstellungskraft im Sinne von Zuversicht, kann diese durch Selbstgespräche trainiert werden.

Diese Herangehensweise lässt sich auch im Vertrieb nutzen: Führt eine Person in Stresssituationen wie vor einem wichtigen Termin positive Selbstgespräche, kann sie die Situation besser meistern und hat angemessenere Emotionen. Solche Sätze können sein:

- *Ich habe mich optimal auf den Termin vorbereitet.*
- *Entspann dich, die Verhandlung wird anstrengend, aber sie wird für alle anderen auch anstrengend sein.*
- *Ich habe schon viele gute erfolgreiche Termine gemeistert, diesen werde ich auch meistern.*
- *Ich denke in Ruhe über den nächsten Schritt nach!*

Unangemessene Selbstgespräche führen zum Gegenteil. Eine schlechtere Bewältigung der Situation und unangemessene Emotionen helfen Ihnen selbst und Ihrer Arbeit im Vertrieb nicht weiter, sondern verschlimmern sogar die Situation. Solche Sätze können wie folgt lauten:

- *Das schaffe ich nie!*
- *Hilfe, mit wird gerade alles zu viel!*
- *Der Mitbewerber ist bestimmt viel besser vorbereitet als ich – das wird nicht gut gehen.*
- *Wenn ich die Präsentation später auf Englisch halten muss, werde ich nur rumstehen und wirres Zeug reden.*
- *Beim letzten Mal hat es auch nicht funktioniert, also wird es auch dieses Mal nicht klappen.*

Es geht also darum, in der Form des Selbstgesprächs die eigenen (negativen) Gedanken zu hinterfragen und zu verändern. Konkrete Handlungsanweisungen formuliert die Tab. 3.2.

Diese Möglichkeiten sind ein Schritt in die richtige Richtung. Erst wenn Ihnen bewusst ist, welche Gedanken Sie negativ beeinflussen, können Sie gegensteuern. Eine geschulte Selbstwahrnehmung mit einhergehender Achtsamkeit sind gute Voraussetzungen für eine Neubeurteilung einer als bedrohlich empfundenen Situation.

Aber wie kann das ganz praktisch aussehen? Vielleicht ist es für Sie hilfreich, wenn Sie über einen Zeitraum von beispielsweise ein bis zwei Wochen Ihre negativen Gedanken aufschreiben. Fragen Sie sich gerade in Bezug auf wichtige berufliche Termine: Welche Gedanken gehen mir durch den Kopf? Gibt es Gedanken, die immer wieder aufs Neue bei mir auftauchen? Dann halten Sie diese Gedanken fest. Der erste Schritt ist damit schon getan.

In einem zweiten Schritt geht es dann darum, entsprechend der Tab. 3.2 die Gedanken zu hinterfragen und Ihnen dadurch Ihre Macht zu nehmen (oben). Überlegen Sie sich als nächsten Schritt, wie Sie diesen Gedanken in Zukunft begegnen möchten: Welche neuen Gedanken möchte ich stattdessen für mich denken? Welche Gedanken tun mir gut?

Jede Situation wird subjektiv empfunden. Daher kann einem der Gedanke kommen: *Ich habe jetzt eine wichtige Präsentation schlecht gehalten.* Und diese Wahrnehmung kann durchaus den Tatsachen entsprechen. Es gibt Termine, die einfach nicht gut laufen. Hier geht es nun nicht um das Bagatellisieren einer schlechten Leistung, sondern um die Kontextualisierung dieser Leistung auf lange Sicht: Ihr Vorgesetzter wird Sie vermutlich nicht gleich fallen lassen, wenn Sie einen Termin nicht optimal gestaltet haben. Im besten Fall wird er Sie sogar fragen, wo er Sie unterstützen kann und welche Ressourcen (Schulung, Training, Coaching …) Sie benötigen, um erfolgreicher zu sein.

Statt sich Vorwürfe zu machen, ist es deshalb für Sie viel wichtiger, sich zu fragen: Was kann ich daraus lernen? Was mache ich das nächste Mal besser? Was muss ich besser bedenken? Das wird auch Ihr Vorgesetzter bzw. Ihr Kunde sehen. Sie sind einer Veränderung hin zu einem dynamischen Mindset schon deutlich näher gekommen.

Tab. 3.2 Kognitive Veränderung durch Hinterfragen der eigenen Gedanken

Ziel der Technik	Technik	Hinweise / Selbstreflektion
Überzeugungen aufdecken	Interpretationen hinterfragen	Werden Sie sich Ihrer Überzeugungen bewusst, decken Sie fehlerhafte Annahmen auf, wie z. B.: *Ich muss jede Verhandlung gewinnen. Wenn ich verliere, verliere ich als Mensch*
	Gedanken und Gefühle in eine Rangreihe bringen	Erlangen Sie einen anderen Blickwinkel, indem Sie Ihre Gedanken in eine Rangreihe bringen, von wenig bis extrem schlimm
Überzeugungen überprüfen	Konsequenzen prüfen	Erkunden Sie schwierige Situationen, indem Sie mögliche Konsequenzen bewerten und fehlerhafte Schlussfolgerungen hinterfragen
	Denken entkatastrophisieren	Durchdenken Sie die tatsächlich schlimmstmögliche Konsequenz der Situation, in der Sie sich gerade befinden (es ist oft nicht so schlimm wie befürchtet). Dann entscheiden Sie, wie Sie mit der eigentlichen Situation umgehen, vor der Sie stehen. Wird Ihr Vorgesetzter Sie entlassen, wenn Sie eine Verhandlung verlieren?
Überzeugungen ändern	Angemessene Verantwortung übernehmen	Begegnen Sie Schuldzuweisungen gegenüber sich selbst und negativem Denken. Beachten Sie Punkte, für die Sie wirklich verantwortlich sind, genauso wie Punkte, die nicht in Ihren Verantwortungsbereich fallen
	Extremen widerstehen	Entwickeln Sie neue Arten zu denken und zu fühlen, um ungünstige Gewohnheiten zu ersetzen. Zum Beispiel denken Sie statt: *Ich bin ein totaler Versager!*, lieber: *Die Präsentation beim Kunden war nicht gut. Den Auftrag habe ich nicht bekommen. Ich kann die Hinweise annehmen, das nächste Mal wird es besser*

Eigene Darstellung, in Anlehnung an: (Myers, 2014, S. 718)

3.2.2 Auswirkungen der Achtsamkeit

Je mehr Sie Ihre Wahrnehmung trainieren und schulen, desto schneller stellen Sie fest, wo Sie z. B. ein statisches Mindset haben – und das wollen Sie nach Möglichkeit verhindern. Wenn Sie eine Situation also klar und konzentriert wahrnehmen können, wissen Sie, was als Nächstes zu tun ist und können achtsam mit sich und den Ansprüchen an sich selbst umgehen. Die Wahrscheinlichkeit, gute Entscheidungen zu treffen, liegt höher.

In Abb. 3.4 wird deutlich, was durch die Achtsamkeit trainiert wird: Das Gefühl wird neutral wahrgenommen, ohne dass man sich damit identifiziert (Bohus & Wolf-Arehult, 2021, S. 79). Dadurch baut sich eine reflektierte Distanz zum auslösenden Ereignis auf. Diese Distanz hilft bei der Beurteilung des Ereignisses.

Ein Beispiel: Sie haben eine Erkältung und Ihnen läuft permanent die Nase. Hier sagen Sie nicht: *Ich bin Schnupfen*. Sondern Sie sagen: *Ich habe im Moment gerade Schnupfen*.

Achtsamkeit hilft dabei, Gefühle und Verstand in ein Gleichgewicht zu bringen, um leichter an das intuitive Wissen und Verstehen zu gelangen (siehe Abb. 3.5). Wenn Sie Zugang zum intuitiven Wissen (auch Bauchgefühl genannt) finden, können Sie leichter Entscheidungen treffen (Bohus & Wolf-Arehult, 2021, S. 105). Denn die Achtsamkeit schult u. a. auch den Umgang mit Ihrem Bauchgefühl.

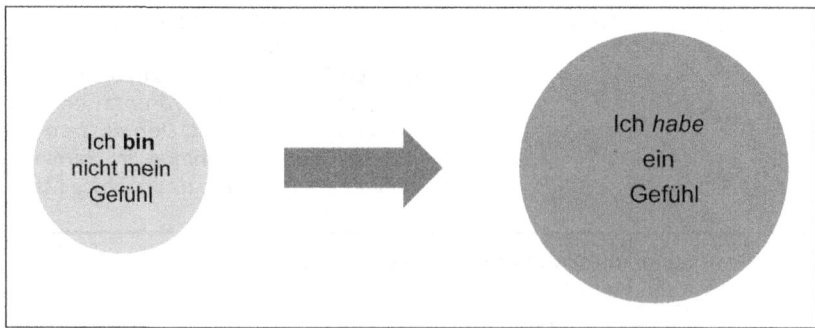

Abb. 3.4 Wahrnehmung der Gefühle in Anlehnung an (Bohus & Wolf-Arehult, 2021, S. 104)

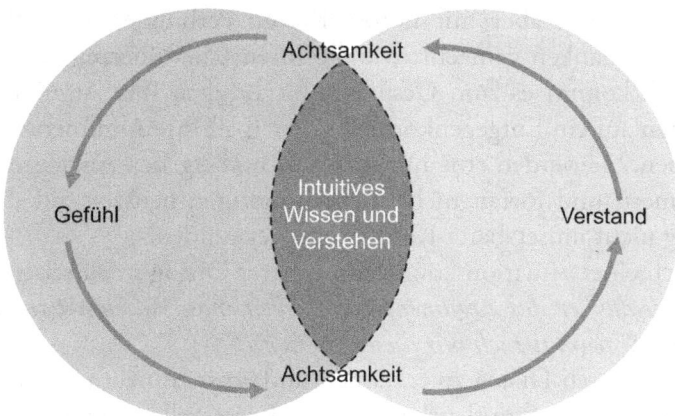

Abb. 3.5 Wie können Sie das intuitive Wissen nutzen? (Bohus & Wolf-Arehult, 2021, S. 105)

Achtsamkeit ist also der Schlüssel zur nachhaltigen Veränderung. Achtsamkeit schult die Wahrnehmung und öffnet dadurch neue Entscheidungshorizonte. Das beobachtende Entdecken der entstehenden Emotionen ist dabei der erste Schritt, um Achtsamkeit durch bewusste Wahrnehmung zu entwickeln. Wahrnehmen und zunächst nicht zu beurteilen bedeutet, Gedanken zuzulassen, die ggf. unangenehm sind. Daraus kann Akzeptanz entstehen. Wichtig ist, dass die Akzeptanz eines gewissen Ereignisses nichts damit zu tun hat, dass ich es gut finde (Bohus & Wolf-Arehult, 2021, S. 81). Akzeptanz ist ein Schlüssel zur nachhaltigen Veränderung. Sie geht einher mit kognitivem Verstehen. Ihnen passiert etwas Nachteiliges, z. B. ein Autounfall. Sie waren in welcher Form auch immer beteiligt. Sie wurden möglicherweise unfreiwillig in das Ereignis mit einbezogen. Akzeptanz bedeutet hier: Ich bin ein Teil dieses Geschehens gewesen. Unabhängig davon, ob dies meine eigene Entscheidung oder die eines anderen war.

Lassen Sie mich das an einem Beispiel verdeutlichen. Sie haben eine Idee, wie Sie einen Prozess effizienter und damit auch das Produkt qualitativ hochwertiger machen können. Sie sehen die Vorteile, die eine Änderung der Konzeption mit sich bringen würde – sowohl für Sie als Mitarbeiter als auch für die langfristige Ausrichtung des Unternehmens.

Da Ihr Vorschlag aber mit hohen Kosten verbunden ist, haben Sie sich viele Gedanken gemacht, wie Sie Ihren Chef überzeugen können. Schließlich kommt es zum Gespräch, Sie bringen Ihre Argumente vor und hoffen auf ein Entgegenkommen. Doch all Ihre Argumente werden abgewiesen, Sie werden ermahnt, sich um Ihre eigenen Angelegenheiten zu kümmern und fortan nicht mehr unnötig Arbeitszeit auf die Entwicklung nicht umsetzbarer Konzepte zu verwenden.

In solch einer Situation könnte Ihr innerer Dialog so aussehen: *Mann ich wusste, dass er das Argument zerpflücken muss. Warum habe ich das nur gesagt? Warum tue ich mir diesen Stress an?*

Diesen inneren Dialog zu erkennen und ernst zu nehmen, ist ein erster Schritt, um das Stresslevel zu senken. Diese Selbstgespräche gehören zu jeder Person. Sie können dabei unterschiedliche zeitliche Dimensionen enthalten (Eberspächer, 2011, S. 25). Sie können rückblickend sein: *Welche Erfahrungen habe ich früher schon einmal gemacht?* Sie können auch Auslöser sein: *Wenn das gleich passiert, dann reagiere ich so …!* Oder auch Kommentator und Begleiter: *Was passiert da eigentlich gerade?*

Die Situation fühlt sich ungerecht an. Hinter vielen Entscheidungen steht jedoch oft ein politisches Kalkül oder Taktieren, um entsprechende Personen an entsprechenden Stellen zu haben. Eine mögliche Antwort, die die Situation akzeptiert, könnte so aussehen: *Das, was passiert ist, war nicht in Ordnung und es ärgert mich richtig. Ich werde alles dafür unternehmen, damit ich nicht mehr darunter leide. Das gehört jetzt zu meinem Leben dazu.*

Vermutlich erscheint Ihnen diese Strategie als Widerspruch. Zum einen will eine Veränderung vorgenommen werden, zum anderen gehört eine Akzeptanz der Vergangenheit dazu. In diesem Spannungsfeld bewegen wir uns bei der Lösungsfindung. Erst durch die Akzeptanz dessen, was war, kann der Weg für eine neue Zukunft geebnet werden (Bohus & Wolf-Arehult, 2021, S. 83).

Ab jetzt: Immer, wenn Sie sich ärgern (diese Situation gibt es in Ihrem Vertriebsjob wahrscheinlich öfter), versuchen Sie, Ihre Wahrnehmung der Situation zu trainieren und damit achtsam umzugehen. Beurteilen Sie nicht. Akzeptieren Sie, wenn etwas schief gelaufen ist und Sie einen Fehler gemacht haben. Sonst wird es bei einer rein symptomatischen Änderung bleiben.

Durch eine veränderte grundlegende Herangehensweise können Sie Situationen anders beurteilen. Jede Entscheidung basiert auf unterschiedlichsten Beurteilungen. Haben Sie einen neutraleren, distanzierteren, reflektierteren Blick auf eine Situation, werden Sie andere und bessere Entscheidungen treffen.

3.3 Skills

Skills sind gelernte Verhaltensweisen. Skills sind Handlungen, die auf Gedanken, Emotionen oder Verhalten reagieren und sie sind Reaktionen, die teilweise automatisch ablaufen, aber auch bewusst eingesetzt werden können (Bohus & Wolf-Arehult, 2021, S. 2). Ziel bei der Entwicklung von Skills sollte es ein, dass diese möglichst viele positive und möglichst wenig negative Bewertungen hervorrufen.

Sie können zum Beispiel für einen Kollegen ein bestimmtes Verhalten erlernt haben: Sie kennen einen Mitarbeiter, der motivierter ist, wenn man ihm gesagt hat, wie großartig er den letzten Auftrag geholt hat. Das Lob schmeichelt ihm und spornt ihn zugleich an. Sie nutzen dies bewusst oder unbewusst, indem Sie auf seine Bedürfnisse eingehen.

Im Kontext eines bewussten Einsetzens bzw. Erlernens von Skills können diese auch als Leistungen beschrieben werden, welche neu erlernt werden und durch stetiges Üben weiter verbessert werden können wie z. B. das Erlernen einer Sprache, die Anwendung einer Software, das Verwenden von technischen Geräten, Smalltalk, etc. Je besser Sie in der neu erlernten Fähigkeit sind, umso mehr entzieht sich dies Ihrem Bewusstsein. Irgendwann geht die neue Fähigkeit in einen Automatismus über.

Es gibt verschiedene Arten von Skills (Sendera & Sendera, 2016, S. 104–107).:

- *Behaviorale Skills* – handlungsbezogene Fähigkeiten: Was kann ich tun? (Ausführen)
- *Kognitive Skills* – gedankenbezogene Fähigkeiten: Wie kann ich meine Gedanken ändern? (Steuerung)
- *Sensorische Skills* – sinnbezogene Fähigkeiten: Welche Sinnesreize helfen? (Sehen, Hören, Schmecken, Riechen, Fühlen)
- *Physiologische Skills* – körperbezogene Fähigkeiten: Wie kann ich mich bewegen, statt zu erstarren? (motorische Umsetzung)

Jede Person hat eine Vielzahl von Skills und Fertigkeiten, die ihr helfen, im Alltag und Berufsleben erfolgreich zu sein und Ziele zu erreichen. Je nach Ziel sind dabei manche Skills mehr, andere weniger geeignet. Abb. 3.6 zeigt unterschiedliche Zugangskanäle zu den vier Skillsarten auf. Die darin enthaltenen Handlungsoptionen sollen den Blick für das Wesentliche schärfen.

Übung: Skillsliste erstellen – Technikpanne in der Kundenpräsentation
Um sich möglichst gut und konkret auf unvorhergesehene Situationen vorzubereiten, kann es helfen, wenn Sie Ihre eigene Liste mit Skills erstellen. Diese hilft Ihnen dann, im Ernstfall souverän zu handeln. Je detaillierter Sie eine solche Situation vorbereiten, desto konkreter können Sie dann handeln. Dabei ist es wichtig, sich im Vorfeld zu überlegen, welche Situationen eintreten können. Selbstverständlich haben Sie schon eine große Anzahl an Skills, welche Sie täglich nutzen und durch die Sie erfolgreich sind. Daher kann allein schon das Bewusstmachen dieser Skills eine große Hilfe sein.

Lesen Sie deshalb jetzt das folgende Beispiel und versetzen Sie sich in die Situation. Anschließend überlegen Sie sich, welche Skills Sie bereits abgerufen haben oder in Zukunft einsetzen wollen, um in der Situation souverän zu handeln und einem dynamischen Mindset zu folgen.

Stellen Sie sich vor, Sie sitzen bei einer Kundenpräsentation und Ihr Rechner stürzt ab. Der Termin ist wichtig, der Kunde wartet gespannt auf Ihre Präsentation. Vermutlich denken Sie nicht darüber nach, warum gerade jetzt ein Bauteil ausgefallen ist oder warum die Software gerade jetzt nicht funktioniert.

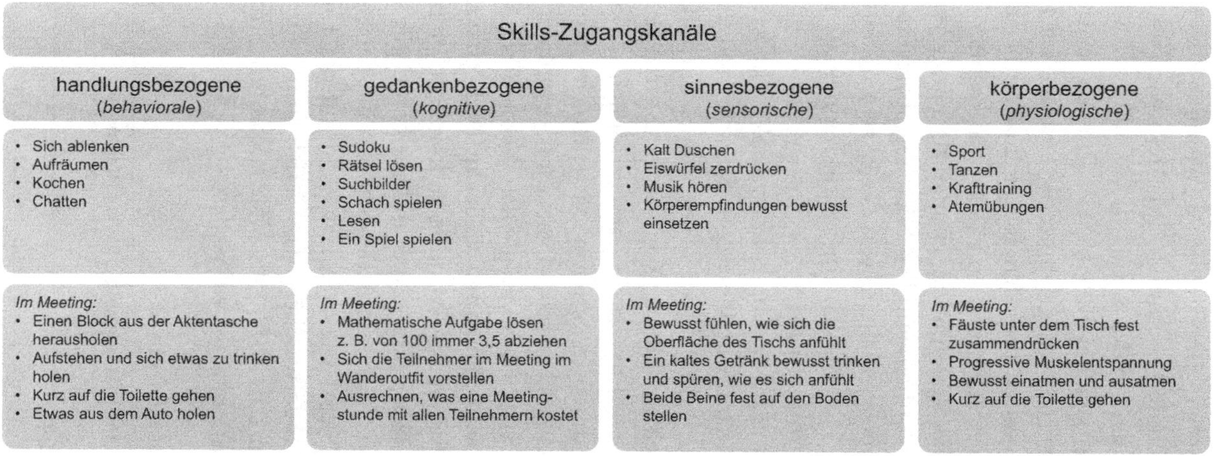

Skills-Zugangskanäle

handlungsbezogene
(behaviorale)
- Sich ablenken
- Aufräumen
- Kochen
- Chatten

Im Meeting:
- Einen Block aus der Aktentasche herausholen
- Aufstehen und sich etwas zu trinken holen
- Kurz auf die Toilette gehen
- Etwas aus dem Auto holen

gedankenbezogene
(kognitive)
- Sudoku
- Rätsel lösen
- Suchbilder
- Schach spielen
- Lesen
- Ein Spiel spielen

Im Meeting:
- Mathematische Aufgabe lösen z. B. von 100 immer 3,5 abziehen
- Sich die Teilnehmer im Meeting im Wanderoutfit vorstellen
- Ausrechnen, was eine Meetingstunde mit allen Teilnehmern kostet

sinnesbezogene
(sensorische)
- Kalt Duschen
- Eiswürfel zerdrücken
- Musik hören
- Körperempfindungen bewusst einsetzen

Im Meeting:
- Bewusst fühlen, wie sich die Oberfläche des Tischs anfühlt
- Ein kaltes Getränk bewusst trinken und spüren, wie es sich anfühlt
- Beide Beine fest auf den Boden stellen

körperbezogene
(physiologische)
- Sport
- Tanzen
- Krafttraining
- Atemübungen

Im Meeting:
- Fäuste unter dem Tisch fest zusammendrücken
- Progressive Muskelentspannung
- Bewusst einatmen und ausatmen
- Kurz auf die Toilette gehen

Abb. 3.6 Mögliche Skills-Zugangskanäle mit eigenen Ergänzungen in Anlehnung an (Sendera & Sendera, 2016, S. 104–107)

Sie können Ihre Präsentation nicht wie gewünscht und gewohnt halten. Das ist sehr ärgerlich. Ihre innere Anspannung steigt, Sie merken, wie Sie schwitzige Hände bekommen, Ihr Atem wird schneller, Sie bekommen Schweißperlen auf der Stirn. Die Entscheidung liegt bei Ihnen: Sie können vor Angst erstarren. Nichts geht mehr. Sie sind wie gelähmt. Sie könnten im Extremfall vor Wut den Laptop schließen und den Raum fluchtartig verlassen. Oder Sie überlegen sich, wie Sie schnell an einen Ersatzrechner kommen oder haben im Vorfeld die Präsentation einmal als PowerPoint-Datei und einmal als PDF-Datei auf einem USB-Stick abgespeichert. Oder Sie fragen Ihren Kunden, ob er jemanden von der EDV anrufen kann, der das Problem für Sie löst. Durch solch einen Skill können Sie strategisch geschickt mit der Situation umgehen.

Überlegen Sie sich jetzt: Welche konkreten Skills helfen Ihnen in solchen und anderen Situationen? Überlegen Sie sich dann in einem weiteren Schritt universelle Skills. Welche können Ihnen auch in unerwarteten Situationen helfen, einen kühlen Kopf zu bewahren? Tragen Sie Ihre Ideen in die Tab. 3.3 ein (Entwickeln einer persönlichen Skillsliste).

Diese Liste kann Ihnen in Situationen helfen, in denen Sie extrem gefordert werden. Möglicherweise baut Ihr Gegenüber immer mehr Druck auf, um für sich einen möglichen Verhandlungsvorteil zu sichern. Die banalste und manchmal vielleicht auch effektivste Art, um sich wieder auf das dynamische Mindset zu konzentrieren: Raus aus der Situation. Etwas anderes sehen, etwas anderes hören. Sie entschuldigen sich kurz im Meeting, fragen zum Beispiel, wo die nächste Toilette ist, und gehen dorthin. Selbst wenn Sie gar nicht auf die Toilette müssen, sich nur kurz die Hände waschen, das Gesicht mit kaltem Wasser abwaschen, wird Ihnen das helfen, Ihre Gedanken zu ordnen und sich Ihrer Notfall-Skill-Liste bewusst zu werden.

Tab. 3.3 Skills und Routinen entwickeln

Situation / Anpassung / Herausforderung	Skills / Routine

Je routinierter Sie sind, umso weniger wird Sie so eine Situation aus der Bahn werfen. Sie werden immer schneller in den Lösungsmodus auf Basis eines dynamischen Mindsets kommen, das sie durch das wiederholte Anwenden ihrer Skills entwickeln. Funktionale Skills geben Ihnen die Möglichkeit, dass Sie sich selbst helfen (Sendera & Sendera, 2016, S. 106), indem Sie möglichst schnell von einem statischen in ein dynamisches Mindset wechseln. Oder anders formuliert: Indem Sie möglichst schnell von einer reaktiven Haltung in die aktive Gestalterrolle zurückgehen.

Um dies noch anschaulicher verstehen und umsetzen zu können, wollen wir uns zwei Skills im Detail anschauen: das Einflussnehmen auf die eigene Spannungskurve und die Etablierung eines Frühwarnsystems.

3.3.1 Die eigene Spannungskurve wahrnehmen und trainieren

3.3.1.1 Stress und sein negativer Einfluss auf das Lernen

Stress ist eine subjektive Wahrnehmung. Ein und dieselbe Situation kann für zwei Personen völlig unterschiedlich stressig sein. Haben Sie etwas schon häufig gemacht oder Routine darin, wird diese Situation, wenn Sie als positiv bewertet wird, keinen Stress bei Ihnen verursachen. Sammeln Sie eine Erfahrung das erste Mal, haben Sie keine Referenzwerte, keine Vergleichspunkte.

Wie stark eine Situation als Stress empfunden wird, hängt von verschiedenen Faktoren ab (Birbaumer & Schmidt, 2010, S. 149):

- Objektive, körperliche Wahrnehmung des Ereignisses. Dieses löst Widerwillen aus
- Subjektive, psychologische Intensität des Ereignisses und Beurteilung von dessen Ursache
- Vermeidungs- und Bewältigungsmöglichkeiten
- Vorerfahrung durch andere, ähnliche Situationen
- Dauer und Häufigkeit des Stresses und Entwicklung der persönlichen Lerngeschichte
- Individuelle Stressempfindlichkeit

- Vorbedingungen für ein als stressig empfundenes Ereignis (Schlafmangel, Hunger, Durst …)
- Sozialer Rückhalt in Gesellschaft, Firma, Familie …
- Regelmäßige Bewegung und Abbau von Stress

Bis auf den ersten Punkt der Aufzählung sind alle weiteren Punkte einer subjektiven Bewertung unterworfen. Die Wirkung der Stressreize auf das Nervensystem und die Hormone hängt folglich von der individuellen Beurteilung und der Verfügbarkeit von Bewältigungsstrategien ab.

Stress ist ein Faktor, der die eigene Produktivität stark beeinflusst. Hat eine Person einen Unfall und dadurch körperliche Verletzungen wie z. B. eine Verbrennung oder eine Schnittwunde, werden die Stoffe Adrenalin und Noradrenalin ausgeschüttet. Diese Stoffe dienen u. a. dazu, dass der Schmerz am Anfang nicht zu stark ist und die Person noch handlungsfähig bleibt. Der Körper reagiert auf die mechanische Auswirkung von außen.

Diese beiden Hormone werden nicht nur bei einer Verletzung ausgeschüttet. Bei emotional empfundenem Stress sind diese Botenstoffe im Blut ebenfalls erhöht. Bewertet eine Person eine Situation als stressig, dann reagiert der Körper entsprechend darauf. So kann es dazu kommen, dass die Ausschüttung der beiden Hormone kurzzeitig um mehr als das zehnfache über der Ruheausschüttung liegt.

Unterliegt eine Person über einen längeren Zeitraum einer für sie emotionalen Stresssituation, wie z. B. am Arbeitsplatz, kann es zu unterschiedlichen Erkrankungen durch den erhöhten Adrenalinspiegel kommen (Birbaumer & Schmidt, 2010, S. 107).

Stress und das Immunsystem
Stress und die damit verbundene Ausschüttung von Hormonen reduzieren die Aktivität des Immunsystems. Dieser Zusammenhang wurde in einem Versuch durch das Nachstellen verschiedener Prüfungssituationen nachgewiesen (Birbaumer & Schmidt, 2010, S. 175). Dasselbe ereignete sich auch, wenn eine Person nach einer Prüfung, die in einem Hörsaal stattfand, denselben Raum wieder ohne Prüfung betrat. Daraus folgt, dass bereits nur der Ort einer Prüfung Einfluss auf das Stressniveau hat.

Imaginäre Stresssituationen
Wenn Sie eine für Sie stressige Situation gedanklich durchgehen, haben Sie ähnliche Immunreaktionen wie in der realen Situation. Allein schon die Vorstellung der Prüfungssituation (ohne Prüfung und ohne Hörsaal) kann eine Veränderung im Immunsystem verursachen. Das gedachte Durchleben einer individuell stressig empfundenen Situation hat also weitreichende körperliche Reaktionen zur Folge (Birbaumer & Schmidt, 2010, S. 175).

Stress ist also denkbar schlecht für effizientes Arbeiten. Durch die veränderten Hormone, die bei Stress ausgeschüttet werden, wird ein potenzieller Lern- bzw. Arbeitsprozess stark unterdrückt. Die körperlichen Funktionen werden auf das Wesentliche reduziert. Fortschritt ist daher in einem stark stressbelasteten Umfeld nur sehr bedingt möglich. Wenn es darum geht, innere Bilder für ein dynamisches Mindset zu verändern, ist es wichtig, dies in einem Umfeld zu gestalten, wo nur sehr wenig Stress vorherrscht.

Stress ist ein Synonym für ausgefüllte Tage mit vielen Terminen, Ärger, anstrengenden Kollegen, unangenehmen Chefs. Er kann sich auf verschiedene Arten und Weisen äußern. So macht uns dieselbe Situation mal mehr und mal weniger aus. Manchmal fühlen wir uns gestresst, obwohl es gar keinen klaren Auslöser gibt. Vielleicht gab es im Vorfeld viele Kleinigkeiten, welche Sie als Stress bewertet haben. Dann macht ein Kollege eine Bemerkung, oder ein Fehler bringt das Fass zum Überlaufen. Stress gehört damit zum Leben dazu. Ein zukünftiges Ereignis kann uns in Stress versetzen, indem wir uns Sorgen machen, was passieren könnte, wenn das Ereignis eintreten sollte. Dies hat Auswirkungen auf unser emotionales Wohlbefinden und unsere Gesundheit. Es gibt jedoch Personen, denen es gelingt, besser mit solchen Situationen umzugehen (Carlson et al., 2012, S. 609). Menschen, die Stresssituationen neu bewerten können, haben weniger stressbedingte Symptome wie z. B. erhöhten Blutdruck (Carlson et al., 2012, S. 612).

Wenn also bei einer Person stressbedingte negative körperliche Auswirkungen auftreten, kann dann diese Reaktion im Umkehrschluss nicht auch genutzt werden? Gibt es Situationen, in denen wir uns absolut sicher und geborgen fühlen? Und inwieweit können diese für einen konstruktiven Umgang mit zukünftigen Stresssituationen genutzt werden, sodass Lernen trotzdem möglich ist? Die beste Möglichkeit, um das Stresslevel zu reduzieren, ist, Skills zu trainieren, um auf sie in der Situation zurückgreifen zu können.

3.3.1.2 Die eigene Spannungskurve wahrnehmen und reduzieren

Abb. 3.7 zeigt die Spannungskurve einer Person, die über keine effektive Strategie zur Stressreduktion verfügt. Die Person hat keine Möglichkeiten, den Stress nach unten zu regulieren. Die Faktoren hierfür können vielfältig sein. Entscheidend ist, wie Sie mit dem Stress umgehen. Ein Überdenken Ihrer Beurteilung der Situation (oben) ist hierzu der notwendige erste Schritt.

Betrachten wir Abb. 3.7 genauer. Hier gibt es drei Bereiche, ähnlich einer Ampel. Im grünen Bereich ist alles in Ordnung, Sie können Ihre vollen Ressourcen gedanklich wie körperlich abrufen. Im orangenen Bereich gibt es schon stressbedingte Anzeichen. In manchen Bereichen können Sie hier ihre volle Leistung nicht mehr abrufen. Ein Wert um 40 % Spannung z. B. kann als leichter Spannungszustand bezeichnet werden. Hier ist die Situation noch unter Kontrolle. Es gibt vielleicht leichte Anzeichen von Stress. Diese lassen sich aber noch auf eine gute Art und Weise behandeln.

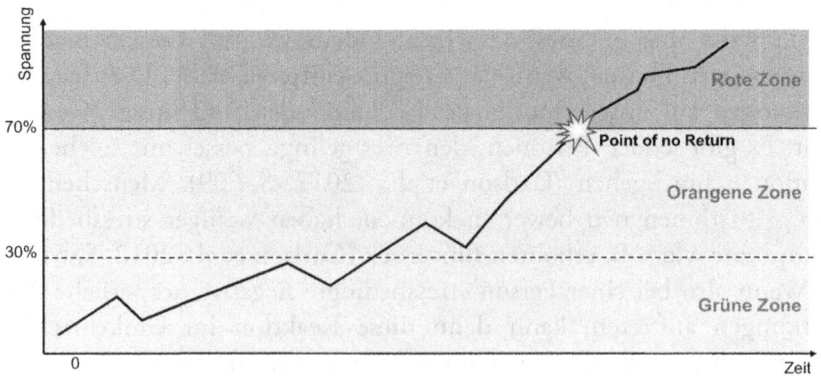

Abb. 3.7 Spannungskurve in Anlehnung an (Bohus & Wolf-Arehult, 2021, S. 65)

Im roten Bereich haben Sie zum Teil die Kontrolle verloren Ab einem Wert um die 70 %, dem sog. Point of no Return, hat die Person keine aktive Kontrolle mehr über ihre Gedanken und Gefühle (Sendera & Sendera, 2016, S. 108). Hier haben dann Emotionen und Gefühle die Oberhand und beeinflussen das Handeln. Die Person hat keinen eigenen Handlungsspielraum mehr. Sie benötigt entweder externe Hilfe oder muss aus der Situation heraus. Aus der Situation heraus bedeutet hier, dass die Person örtlich getrennt wird – von Personen oder Dingen, die sie als Stress bewertet.

In der Geschäftswelt gibt es solche Szenarien zum Glück nur sehr selten. Ein Weiterführen einer Verhandlung, wenn eine beteiligte Person über dem Point of no Return ist, ergibt aber keinen Sinn.

Damit es nicht so weit kommt, können Skills helfen, die Spannungen zu reduzieren. Je nach Situation und Art des äußeren Reizes können auch mehrere Skills nacheinander zum Einsatz kommen, siehe Abb. 3.8.

Jeder Mensch hat unterschiedliche Strategien, mit Stress umzugehen. Dadurch hat auch jede Person unterschiedliche Skills und individuelle körperliche Reaktionen im Umgang mit Stress entwickelt. Achtsamkeit (Abschn. 3.2) kann dabei helfen, diese individuellen Stresssymptome zu erkennen. Denn das Feststellen der körperlichen Reaktionen, die sich beim Übergang in die nächsthöhere Phase zeigen, ist schon der erste

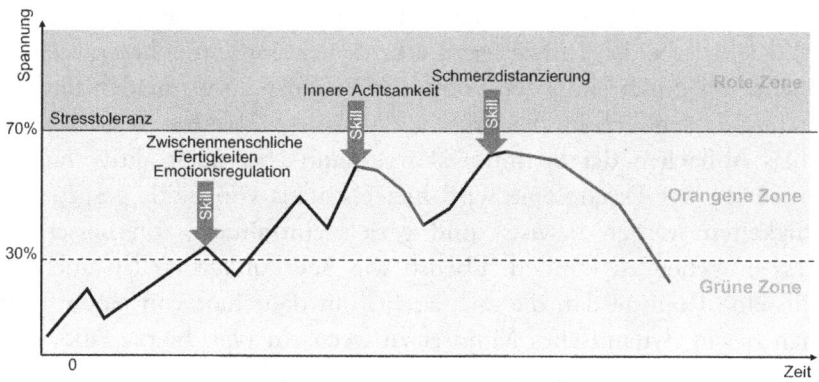

Abb. 3.8 Spannungskurve / Der Einsatz von Skills / In Anlehnung an (Bohus & Wolf-Arehult, 2021, S. 117)

		Gefühle	Körperliche Reaktionen
Spannung	Rote Zone	• angewidert • wütend • ängstlich • erschrocken • verärgert	• manchmal physische Schmerzen • stark eingeschränktes Sichtfeld • Flackern im Auge • starke eingeschränkte Konzentration • Gedankenkarussell • zittern
70%	Orangene Zone	• verwirrt • gereizt • besorgt • traurig • unsicher • sauer • nervös	• starke innere Unruhe • feuchte Hände • heißer Kopf • defokussiert • trockener Mundraum • angespannte Körperhaltung • verkrampfte Muskulatur
30%	Grüne Zone	• optimistisch • gelassen • froh • aufmerksam	• angenehmes Körpergefühl • bodenständig • ruhige Atmung • entspannte Sitzposition
0			Zeit

Abb. 3.9 Beispielhafte Gefühle und körperliche Reaktionen je nach innerem Spannungszustand

Schritt, um die Situation zu deeskalieren. In Abb. 3.9 sehen Sie beispielhaft, welche Gefühle und körperlichen Reaktionen sich bei Stress zeigen können.

Manchmal genügt schon das reine Erkennen, um die Kurve abzuflachen und gar nicht erst in Richtung roter Bereich zu kommen.

Um möglichst frühzeitig zu erkennen, wann sich ein Wechsel der Spannungsphase andeutet, kann es Ihnen helfen, wenn Sie sich mit der Liste in Abb. 3.10 ihre eigenen Emotionen und körperlichen Reaktionen vor Augen führen (Spannungskurve wahrnehmen und reduzieren). Ziel hierbei ist, frühzeitig zu erkennen, wenn ein „Phasenwechsel" ansteht, um durch Skills den Point of no Return zu vermeiden und dadurch schlussendlich im dynamischen Mindset zu bleiben.

Das Abflachen der Spannungskurve kann aber auch aktiv trainiert werden. In der Psychologie wird hier ebenfalls von Skills gesprochen. Fähigkeiten werden bewusst und gezielt eintrainiert, um besser mit Stress umgehen zu können. Ebenso wie Achtsamkeit stellen auch die Skills eine Routine dar, die es braucht, um dauerhaft von einem statischen in ein dynamisches Mindset zu wechseln (vgl. hierzu Abb. 3.1). Abb. 3.11 stellt für das Thema Stress nochmals abschließend dar, wie

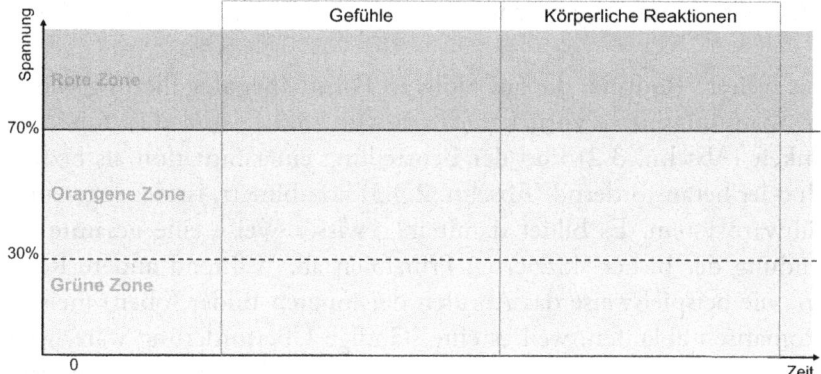

Abb. 3.10 Erstellen der eigenen Liste mit Gefühlen und körperlichen Reaktionen in den drei unterschiedlichen Stresslevel

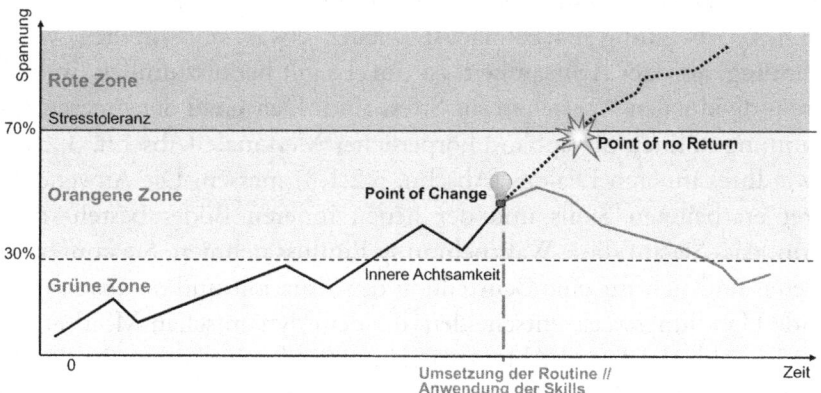

Abb. 3.11 Spannungskurve // Der Einsatz von Routinen / Skills (Bohus & Wolf-Arehult, 2021, S. 117) und (Sendera & Sendera, 2016, S. 120)

durch die Anwendung von Skills, wie wir sie oben kennengelernt haben (vgl. Übung *Skillsliste erstellen*) der Point of Change erreicht wird, sodass es erst gar nicht zum Kontrollverlust im roten Bereich kommen kann.

3.3.2 Frühwarnsystem

Eine weitere Routine, die auf Skills in Form einer Regulierung wie bei der Spannungskurve zurückgreift (Abschn. 3.3.1) und dies mit Achtsamkeit (Abschn. 3.2) und der Beurteilung einer Situation als bedrohlich oder herausfordernd (Abschn. 2.3.3) kombiniert, ist das sogenannte Frühwarnsystem. Es bildet damit in gewisser Weise eine gesamte Anwendung der bisher skizzierten Prinzipien ab. Während andere Routinen, wie beispielsweise das Abrufen der inneren Bilder (oben) meistens automatisch ablaufen, weil es eine ständige Überforderung wäre, wenn man alles stets aufs Neue abrufen müsste, stellt das Frühwarnsystem eine aktive Routine dar. Es wird dann relevant, wenn wir der Meinung sind, dass etwas nicht so läuft, wie wir uns es wünschen. Dabei hilft das Bild einer Ampel: Wenn sie grün zeigt, ist alles in Ordnung. Orange ist ein Indikator für erhöhte Vorsicht. Bei Rot droht Gefahr.

Diese Abstufung hat zunächst wieder etwas mit unserer Wahrnehmung, also der Achtsamkeit, zu tun. Es gilt herauszufinden, welches Ihre individuellen Anzeichen für Stress sind. Den Grad der inneren Anspannung können Sie anhand körperlicher Merkmale (Abschn. 3.2.1.1) sowie Ihres inneren Dialogs (Abschn. 3.2.1.3) messen. Die Anwendung Ihrer erarbeiteten Skills und der neuen inneren Bilder besteht dann darin, dass Sie auf diese Wahrnehmung Einfluss nehmen, Sie kontextualisieren und sich für eine Beurteilung der Situation und daraus resultierende Handlungsweise entscheiden, die dem dynamischen Mindset entspricht. Abb. 3.12 und Abb. 3.13 zeigen die beiden unterschiedlichen Möglichkeiten auf, entsprechend der Antonymie statisch-dynamisch (Abschn. 7.9).

Das dynamische Mindset bewertet eine heikle Situation nicht *automatisch* als Gefahr. Der Unterschied liegt in der Interpretation und den daraus abgeleiteten Handlungen. Die möglichen körperlichen Reaktionen hingegen sind zunächst einmal gleich (Sie können durch Achtsamkeits- und Stress-/Emotionsregulationstraining zwar verringert und gesteuert, aber nicht vollständig ausgemerzt werden).

Bedrohung - Statisches Mindset

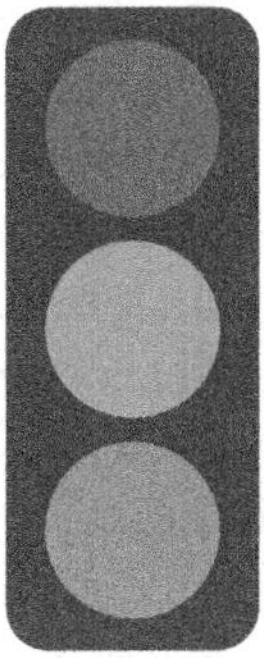

Bewertung	Innerer Dialog	Mögliche körperliche Reaktionen
Gefahr!	Ich bin ein Versager. Das war vorherzusehen. Ich bin wie gelähmt und kann nichts mehr machen.	• Physische Schmerzen • Stark eingeschränktes Sichtfeld • Flackern im Auge • Stark eingeschränkte Konzentration • Gedankenkarussell • Zittern
Irgendwas stimmt hier nicht.	Oh nein, ich wusste, dass etwas schief läuft. Genau wie beim letzten mal auch.	• Starke innere Unruhe • Feuchte Hände • Heißer Kopf • Trockener Mundraum • Angespannte Körperhaltung • Verkrampfte Muskulatur
Alles in Ordnung	Hoffentlich habe ich an alles gedacht und nichts vergessen.	• Angenehmes Körpergefühl • Ruhige Atmung • Entspannte Sitzposition

Abb. 3.12 Frühwarnsystem Bedrohung. (Eigene Darstellung)

Herausforderung – Dynamisches Mindset

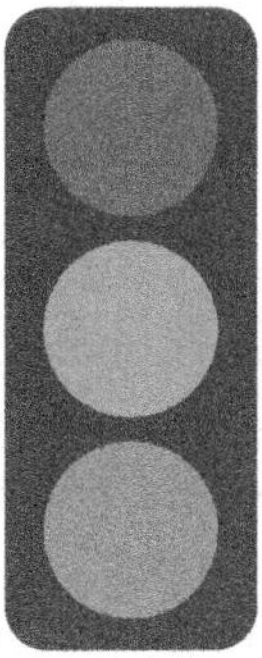

Bewertung	Innerer Dialog	Mögliche körperliche Reaktionen
mögliche Gefahr!	Wenn wir heute keine Lösung finden, dann sicher beim nächsten Termin. Wir vertragen am besten die Entscheidung.	• physische Schmerzen • stark eingeschränktes Sichtfeld • Flackern im Auge • starke eingeschränkte Konzentration • Gedankenkarussell • zittern
Irgendwas stimmt hier nicht.	Jetzt wird es spannend. Ich habe schon so viel gemeistert. Das schaffe ich auch noch!	• starke innere Unruhe • feuchte Hände • heißer Kopf • trockener Mundraum • angespannte Körperhaltung • verkrampfte Muskulatur
Alles in Ordnung	Passt soweit alles. Ich bin gespannt und freue mich auf den Termin.	• angenehmes Körpergefühl • ruhige Atmung • entspannte Sitzposition

Abb. 3.13 Frühwarnsystem Herausforderung. (Eigene Darstellung)

3.4 Eine eigene Notfallroutine entwickeln und üben

Wir haben jetzt gesehen, welche Arten von Routinen es gibt und wie sie unser Denken und Handeln positiv beeinflussen. Nun geht es darum, eine eigene (Notfall-)Routine zu etablieren, um von einem statischen

Mindset auf ein dynamisches Mindset zu wechseln. Das hört sich in der Theorie leicht an. Es geht darum, dass zukünftige Gefahrensituationen in eine Chance oder Herausforderung umgedeutet werden. Wenn Sie sich in einer Gefahrensituation befinden, handeln Sie im reaktiven Modus. Sie verteidigen sich, gehen auf die möglichen Angriffe des Gegenübers ein und geben dadurch die Gesprächsführung an andere ab. Sie geben Ihre Souveränität in die Hände eines anderen. Das Gegenüber kann uns dadurch steuern. Manchmal werden solche Techniken auch ganz bewusst von Personen eingesetzt, um ihre Ziele durchzusetzen.

Solche Praktiken in Geschäftsbeziehungen sind nicht von gegenseitigem Respekt gekennzeichnet. Wie kommen Sie aus dieser Gefahrenzone heraus? Was hilft bei der Entwicklung der eigenen Notfallroutine? Nachdem wir die Achtsamkeit als einen Grundbaustein bereits behandelt haben, wollen wir weitere Antworten im Leistungssport und daraus ableitbaren Prinzipien für den Vertrieb suchen.

3.4.1 Die Sportanalogie

Sport und Vertrieb, beides ist stark auf individuelle Leistung ausgerichtet. Je nach Unternehmen werden Einzelleistungen stärker in Form von gehaltsrelevanten Kennzahlen honoriert. Um Einzelleistungen unter Druck geht es auch im Sport. Leistungssportler haben ein Mindset mit Routinen entwickelt, wie sie mit Stress, körperlicher Anspannung und emotionaler Belastung umgehen können. Dadurch besteht die Möglichkeit, die trainierten Leistungen permanent und langfristig auf Topniveau abzurufen. Spitzensportler haben gelernt, ihre Emotionen zu regulieren und zu steuern.

Was haben also eine Wettkampfsituation und das vertriebliche Umfeld gemeinsam? Bei einem Wettkampf muss ein Sportler seine Leistung genau auf den Punkt abliefern können. Bei einem Sprint zum Beispiel muss exakt zum Startschuss körperlich und mental alles so perfekt sein, dass der Läufer sein volles Potenzial ausschöpfen kann. Sprintet er zu früh los, ist er disqualifiziert. Sprintet er zu spät los, wird er nicht erfolgreich sein. Ist zum Startschuss sein Leistungsniveau nicht auf dem Toplevel, wird er eine schlechte Platzierung bekommen.

Stellen Sie sich als Vertriebler zum Vergleich folgende Situation vor: Der Termin einer wichtigen Verhandlung steht an. Bei diesem Termin geht es darum, ob Sie einen Auftrag bekommen oder nicht. Der Termin ist morgens um 9:00 Uhr beim Kunden. Erscheinen Sie zu spät zu dem Termin, wird dies ein schlechtes Bild auf ihre Verlässlichkeit werfen. Sind Sie zu dem Termin nicht optimal vorbereitet, nicht ausgeschlafen, in körperlich schlechter Verfassung oder haben Sie ein ungepflegtes Äußeres, wird sich Ihr Zustand auf den Ihres Produktes bzw. Ihrer Dienstleistung übertragen. Es ist fraglich, ob der Kunde dann bei Ihnen kaufen möchte. Es gibt viele Parallelen zwischen Vertrieb und Spitzensport (Tab. 3.4).

Tab. 3.4 Sport vs. Vertrieb

	Sport	Vertrieb
Erwartungswert	Ein Sportler hat einen Erwartungswert an seine Leistung in Bezug auf den Wettkampf	Eine Vertriebsperson hat einen Erwartungswert an sich und die Leistungen der Firma z. B. bei einer Ausschreibung
Sieger	Es gibt nur einen Sieger	Ein Vertrag oder ein Auftrag für ein definiertes Projekt wird nur einmal und nur an eine Person vergeben
Zeitpunkt	Die Leistung muss bei einem Wettkampf auf den Punkt erbracht werden	Im Vertrieb müssen viele aufeinander abgestimmte Prozesse genau ineinandergreifen
Supportteam	Bei einem Marathon z. B. muss das Supportteam zur richtigen Zeit am richtigen Ort sein, um den Athleten zu unterstützen	Jede Person, die am Vertriebsprozess beteiligt ist, muss ihre Leistung zum richtigen Zeitpunkt erbringen, um erfolgreich zu sein
Wiederholung	Ein Wettkampf kann nicht wiederholt werden	Wurde ein Vertrag oder Projekt vergeben, kann dies nicht vor Ablauf der Vertragslaufzeit wiederholt werden

Eigene Darstellung in Anlehnung an (Mayer & Hermann, 2015, S. 182)

3.4.2 Routinen im Sport

Im Kontext des Sich-neu-Fokussierens können wir viel vom Profisport lernen. Profisportler haben gewisse Routinen vor einem Wettkampf. Routinen, die ihnen helfen, sich auf das Wesentliche zu fokussieren und ihre Leistung exakt dann abzurufen, wenn sie sie brauchen. Im Business-Kontext haben wir zwar keinen Startschuss, doch stehen wir in Extremsituationen ebenfalls unter Stress. Der Profisportler weiß, wie sich sein Körper anfühlt, wenn er unter Stress ist. Er kennt die körperlichen Reaktionen, die ihm als Indikatoren seines eigenen Stresslevels dienen (vgl. Abschn. 3.2 & 3.3). Auch wenn es keinen Anpfiff z. B. bei einer Vertragsverhandlung gibt, können Sie trotzdem gewisse körperliche Reaktionen an sich feststellen.

Wie in Abb. 3.14 dargestellt, gibt es drei unterschiedliche Phasen einer Ablenkung:

- *Phase a:*
  Hier ist die Person voll fokussiert und kann sich auf den anstehenden Wettkampf konzentrieren. Einzelne Bewegungsabläufe werden in Gedanken durchgegangen. Die verbleibende Zeit bis zum Wettkampf vergeht unter voller Konzentration.
- *Phase b:*
  Aus irgendeinem Grund lässt sich der Sportler ablenken. Der Sportler verliert seinen Fokus von den Bewegungsabläufen hin zu Zweifeln. Folgende Gedanken können dem Sportler durch den Kopf gehen: Oh Mann, hätte ich doch bloß mehr trainiert. Die Konkurrenz ist heute fit. Ich schaffe das nie. Das letzte Mal habe ich einen Fehler gemacht – das passiert mir heute sicher wieder. Ich werde versagen. Je länger diese negativen Gedanken Raum haben, desto schwieriger wird es für ihn, sich wieder neu zu fokussieren.
- *Phase c:*
  Der Sportler hat erkannt, dass die negativen Gedanken ihn aus seiner Routine gebracht haben. Er kennt seine Gedanken und Gefühle und weiß, wie sich sein Körper anfühlt. Durch seine trainierte Selbstwahrnehmung mittels Achtsamkeit weiß er, wie er sich anfühlt, wenn er aus seiner Routine kommt. Er kann dadurch die Zeit zwischen Ablenkung und erneuter Fokussierung verkürzen.

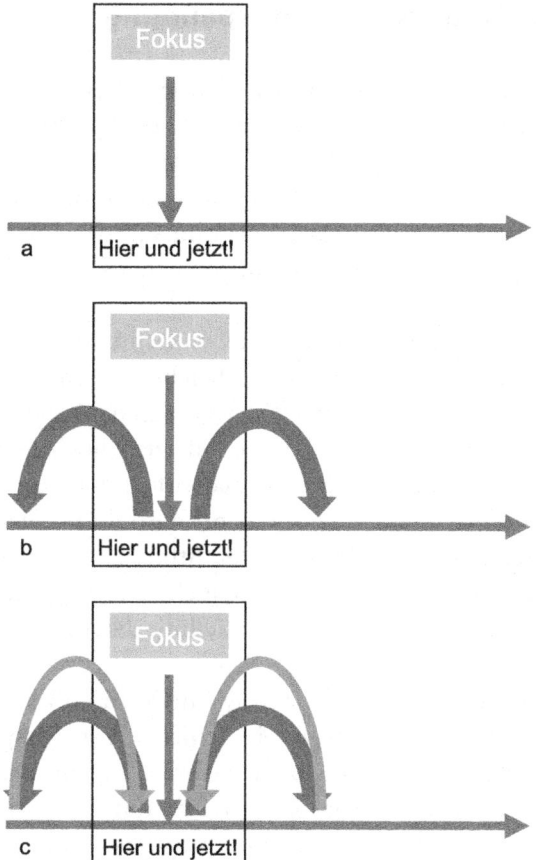

Abb. 3.14 Den Fokus auf das Hier und Jetzt in Anlehnung an (Mayer & Hermann, 2015, S. 11)

Auf den Vertrieb übertragen bedeutet dies: Je schneller Sie wieder fokussiert sind, desto schneller können Sie wieder ihre optimale Leistung abrufen. Sei es bei einer Präsentation, einem Mitarbeitergespräch oder einem anderen wichtigen Termin.

Je besser Sie Ihre Körpersignale wahrnehmen können, umso leichter wird es Ihnen fallen, zurück in ein dynamisches Mindset zu kommen.

3.4.3 Das richtige Maß an Anspannung

Eine gewisse Anspannung vor einem wichtigen Termin ist normal und gut. Viele Sportler berichten, dass sie vor einem sportlichen Großereignis eine gewisse Spannung verspüren. Diese sei aber auch notwendig, um richtig gut zu sein. In der Wettkampfsprache bezeichnet man diesen Zustand als *Vor-Start-Zustand*. Puls und Blutdruck gehen hoch, die Schweißbildung wird angekurbelt und manche Sportler berichten von einem flauen Gefühl im Magen.

In der Geschäftswelt gibt es sicherlich viele Situationen, die uns mental an die Grenzen bringen können. Vielleicht kennen Sie selbst das Gefühl, das Sie haben, wenn Sie vor einer größeren Menge sprechen oder eine wichtige Präsentation halten. Der Puls geht hoch, die Hände werden feucht und Sie sind innerlich aufgedreht und angespannt. Ähnlich wie bei einem Wettkampf kurz vor dem Startschuss. Der Unterschied zum Wettkampf besteht darin, dass der Athlet seine Energie im Laufe des Wettkampfes abbauen kann. Er braucht alle Kraft für seine Muskeln, um erfolgreich zu sein. Ist die Ziellinie überquert, ist die Spannung meist weg.

Im geschäftlichen Kontext können wir nicht so körperlich aktiv sein, dass der gleiche Effekt einsetzt wie bei einem Leistungssportler. Daher kann es durchaus helfen, vor einem wichtigen Termin morgens noch Sport zu treiben. Dieses Ritual kann dabei unterstützen, Stress abzubauen und uns in eine positive Stimmung zu versetzen.

Darüber hinaus gilt: Körperlich gesunde und sportliche Personen haben tendenziell einen besseren Umgang mit Stress. Dies hat eine Studie beim US-Militär gezeigt. Für Sie vermutlich nichts Neues! Die körperlichen Stressreaktionen konnten schneller wieder in den normalen Bereich gebracht werden. Die Studie hat gezeigt, dass die körperliche Aktivität das erste Mittel ist, um stressbedingte Belastungen zu reduzieren (Taylor et al., 2008, S. 741).

Unmittelbar vor einem wichtigen Termin muss es also gelingen, Routinen zu erarbeiten, um die zuvor trainierte maximale Leistung abrufen zu können. Ist der Punkt erreicht, beginnt der Termin, die Präsentation, die Rede. Das zuvor Trainierte kann gezielt auf den Punkt gebracht werden. Damit gelangt man rasch in den gewohnten Arbeitsmodus und lässt sich nicht so schnell aus der Ruhe bringen.

Übung: Routinen einüben
Denken Sie an die Freiwillige Feuerwehr. Normalerweise ist es so, dass sich die ehrenamtlichen Feuerwehrleute regelmäßig, zwei- bis viermal im Monat zur Übung treffen. Bei Berufsfeuerwehren ist es mehrmals pro Woche.

Hier werden unterschiedliche Brände, Einsätze, Rettungen, Notsituationen geübt. Warum? Wenn es ernst wird, muss jeder Handgriff sitzen. Bei Personenschäden können Minuten über Leben oder Tod entscheiden. Gewisse Techniken müssen regelmäßig geübt werden, damit diese im Ernstfall schnell und fehlerfrei ausgeführt werden können.

Stellen Sie sich vor, dass die Feuerwehr nur aktiv bei einem tatsächlichen Brand übt. Erst dann, wenn ein Haus oder ein Gebäude vollständig brennt, kommt die Feuerwehr und fängt an zu löschen. Die Feuerwehrmänner und -frauen sind sich aber nicht einig, wie die Vorgehensweise ist. Es ist nicht klar, welche Aufgaben die einzelnen Menschen bei der Feuerwehr haben.

Das Ziel einer Feuerwehrübung ist es, dass gewisse Notallsituationen routinemäßig geübt werden. Wenn diese Situation dann zur Realität wird, reagieren die Feuerwehrleute mit ihrer eingeübten Routine. Je mehr Erfahrung Sie in diesen Situationen haben, desto weniger kann sie aus der Bahn werfen.

Im „normalen" Berufsleben können und werden solche Notfallroutinen helfen, erfolgreicher zu sein. Wobei der wirtschaftliche Erfolg nur eine Seite der Medaille ist. Lassen Sie sich z. B. in Verhandlungssituationen nicht zu Zugeständnissen hinreißen, welche Sie später vielleicht wieder bereuen; bleiben Sie sich selbst treu. Das ist ein Wert, den Sie nicht mit Geld aufwiegen können.

Notieren Sie sich zum Schluss dieses Kapitels Routinen, die Sie jetzt kennengelernt haben und in Zukunft umsetzen möchten. Siehe hierzu Tab. 3.5. Verknüpfen Sie sie mit einer Situation, die Sie in der Vergangenheit herausgefordert hat und der Sie in dem Moment nicht vollkommen gewachsen waren. Notieren Sie sich auch, wie Sie die Routine einüben wollen: im Gedankenspiel des Selbstgesprächs, durch re-

Tab. 3.5 Routinen einüben

Situation / Herausforderung	Routine	Trainingsmethode

gelmäßige körperliche Übungen, durch schriftliche Selbstreflexion… (Abschn. 3.2.1.2).

Literatur

Birbaumer, N., & Schmidt, R. (2010). *Biologische Psychologie*. Springer Medizin Verlag.

Bohus, M., & Wolf-Arehult, M. (2021). *Interaktives Skillstraining für Borderline-Patienten, Das Therapeutenmanual*. Schattauer.

Carlson, J., Dikecligil, G., Greenberg, T., & Mujica-Parodi, L. (17. Mai. 2012). Trait reappraisal is associated with resilience to acute psychological stress. *Journal of Research in Personality, 46*, 609–613.

Dusek, J. A., Hasan H. , O., Ann L., W., Manoj, B., Luiz F., Z., Marie G., J., . . . Towia A., L. (2. Juli 2008). Genomic Counter-Stress Changes Induced by the Relaxation Response. *PLoS ONE 3(7)* (e2576), https://doi.org/10.1371/journal.pone.0002576.

Eberspächer, H. (2011). *Gut sein, wenn's drauf ankommt, von Top-Leistern lernen*. Hanser.

Mayer, H., & Hermann, H.-D. (2015). *Mentales Training Grundlagen und Anwendung in Sport, Rehabilitation, Arbeit und Wirtschaft*. Springer-Verlag.

Myers, D. G. (2014). *Psychologie*. Springer-Verlag.

Sendera, A., & Sendera, M. (2016). *Skills-Training bei Borderlineund Posttraumatischer Belastungsstörung*. Springer.

Taylor, M. K., Markham, A., Reis, J., Padilla, G., Potterat, E., Drummond, S., & Mujica-Parodi, L. (August 2008). Physical Fitness Influences Stress Reactions to Extreme Military Training. *MILITARY MEDICINE, 173*(8), S. 738–742 (https://academic.oup.com/milmed/article/173/8/738/4371540 by guest on 07 June 2022).

4

Das Vertriebsmindset

Zusammenfassung In diesem Kapitel wird das Konzept des Mindsets auf Vertrieb und Unternehmenskultur angewandt. Dabei wird die Gefahr einer Geniekultur und die Dringlichkeit einer kontinuierlichen Weiterentwicklung für Führungskräfte dargestellt. Im zweiten Teil werden als effiziente Gegenmaßnahme Ziele vorgestellt, die sich aus einem dynamischen Mindset ableiten lassen.

Das Mindset spielt eine zentrale Rolle im Leben. Es bestimmt, wie man als Individuum denkt, fühlt und handelt und wie man sich selbst wahrnimmt. Dies wiederum hat einen großen Einfluss darauf, wie wir auf unsere Umwelt und unsere Mitmenschen reagieren. Ein Mindset lässt sich verändern – was sich wiederum stark in der persönlichen Entwicklung zeigt.

Ein neues Gedankenmuster oder Mindset zu etablieren, ist jedoch ein Lernprozess. Dieser kann bewusst oder unbewusst stattfinden (Birbaumer & Schmidt, 2010, S. 622) und dehnt sich über einen gewissen Zeitraum aus. In vielen Fällen ist es ein längerer Zeitraum, denn das bekannte Mindset oder Gedankenmuster hat sich über viele Jahre hinweg gefestigt. Dies zu erkennen und daran kontinuierlich und nachhaltig zu arbeiten, braucht Zeit. Besonders wenn Sie das dynamische Mindset nicht nur für sich persönlich anwenden, sondern auf den gesamten Vertrieb ausweiten wollen, müssen Sie weitere Faktoren mitbedenken, die sich aus der Unternehmensstruktur ergeben. Um diese soll es im Folgenden gehen.

4.1 Der Einfluss des Mindsets auf den Vertrieb

Erfolgreicher Vertrieb sieht die Bedeutung des Menschen. Einzelne Personen sind in ein System, in ein Unternehmen eingebunden. Wichtig ist immer, die Unternehmenskultur in Abhängigkeit der Person zu betrachten. Egal, auf welcher Hierarchiestufe Sie derzeit stehen, es kommt immer auf Ihr Mindset an, und Sie bewegen sich in einem sich ständig ändernden System. Das System wird durch Sie und mit Ihnen beeinflusst und verändert, permanent.

Vertrieb hat aber auch immer etwas mit Kennzahlen zu tun. Es werden zum Beispiel Jahresgespräche mit Mitarbeitern vereinbart, um persönliche Ziele zu definieren. In diesen Gesprächen geht es oft um Rohertrag, Umsatz, Neukundenquote, Potenzialausschöpfung, Auftragseingang, Reklamationsquote. Es gibt unendlich viele Kennzahlen, die sich im Vertrieb messen lassen können.

Wenn die beiden von Carol Dweck entdeckten Mindset-Arten (dynamisch und statisch) auf den Vertrieb übertragen werden, stellt sich jedoch die Frage, ob sich eine Vertriebsführung ausschließlich über Kennzahlen wirklich leistungssteigernd auswirken kann. Denn Kennzahlen stellen stets eine harte Messgrenze dar, über die nicht hinausgegangen wird. Für die Steuerung des Betriebs müssen aber auch weiche Faktoren wie Kundenzufriedenheit, -bindung, -entwicklung und Weiterempfehlungsquote beachtet werden. Denn nur so kann ein dynamisches Mindset im Betrieb etabliert werden, das alle im Blick behält.

Im Vertriebsprozess gilt es, in Bezug auf das Mindset die folgenden drei Organisationsebenen auf ihre Ausrichtung hin zu überprüfen.

- Die Führungskraft und Vorgesetzten
- Die Vertriebsperson (Person mit Kundenkontakt)
- Die Unternehmenskultur

Das Mindset einer Person im Rahmen dieses Buches nenne ich Vertriebsmindset. Die Haltung des Gesamtunternehmens, die sich primär in der herrschenden Unternehmenskultur äußert, wird als Unternehmensmindset bezeichnet.

4.1.1 Das Mindset der Führungskraft (Vertriebsmindset)

Eine meiner ersten Erfahrungen mit einem dynamischen Mindset von Vorgesetzten habe ich im Alter von 10 Jahren gehabt. Damals war ich gerade dabei, ein Musikinstrument im örtlichen Posaunenchor zu lernen und mein Flügelhornlehrer hatte spürbar ein dynamisches Mindset. In einer der ersten Unterrichtsstunden meinte er: „Ich habe mein Ziel als euer Lehrer dann erreicht, wenn ihr besser spielen könnt als ich." Leider hat er das bei mir nicht geschafft, aber dennoch ist mir seine Dynamik noch sehr gegenwärtig.

Der Erfolg einer Firma ist stark an das Mindset der Führungskräfte gekoppelt. Allgemein ist bekannt, dass eine erfolgreiche Firma oder ein erfolgreiches Team im Sport an eine Führungskraft gebunden ist, die den Menschen ermöglicht, ihr wahres Potenzial zu entfalten.

Führungskräfte mit einem dynamischen Mindset müssen nicht bei jeder Gelegenheit sich und ihre Leistung präsentieren. Vielmehr wissen sie um ihre Fähigkeiten – und vor allem auch um ihre Grenzen. Sie wollen hinterfragen, verstehen und erforschen, um dadurch sich, andere und die Firma nach vorne zu bringen (Dweck, 2020, S. 162–163). Führungskräfte mit einem positiven Mindset bringen Menschen ins Unternehmen, die in bestimmten Bereichen besser sind als sie selbst. Sie betrachten dies allerdings nicht als Bedrohung. Ihnen geht es um die Ergänzung und das Weiterkommen als Unternehmen. Diese Personen haben Freude daran, wenn ihre Mitarbeiter besser werden und sie ggf. auch überholen. Ihr Mindset ist: Ich habe dann mein Ziel erreicht, wenn XY besser ist als ich! Ihre allerwichtigste Aufgabe als es, als Vorgesetzter, Chef, Geschäftsführer, Inhaber, Führungskraft das Potenzial anderer Menschen zu erkennen und zu entwickeln (Dweck, 2020, S. 165–166). Diese Potenziale gehören zu den größten Schätzen, die ein Unternehmen hat (Permantier, 2019, S. 6).

Starke Führungskräfte im Vertrieb schaffen es, in der gesamten Organisation ein Vertriebsbewusstsein herzustellen (Thiemann & Skazel, 2020), egal in welchem Bereich eine Person arbeitet. Die Firmenkultur wird dadurch gefördert, dass durch geeignete Personalauswahl die richtigen Personen ins Unternehmen kommen (Goffin, 2020, S. 262).

Übung: Was denkt Ihr Unternehmen intern zum Vertrieb?
Überlegen Sie: Welche Haltung hat Ihr Unternehmen bezüglich des Vertriebs? Viele Unternehmen haben unbewusst eine kollektive Meinung zu gewissen Themen. Diese ist teilweise in der Strategie oder Vision verankert, teilweise hat sie sich über Jahre entwickelt. Beispiele können sein:

- Die Mitarbeiter des Vertriebs machen dem Unternehmen nur Arbeit.
- Vertriebspersonen machen den Kunden nur Versprechen und der Rest der Firma darf den Kopf dafür hinhalten.
- Hätten die Vertriebsmitarbeiter die Preise durchgesetzt, wäre es für den Betrieb besser.

Wie intern über den Vertrieb in einem Unternehmen gedacht und gesprochen wird, hat große Auswirkungen auf das Vertriebsklima, ebenso wie auf alle anderen Bereiche im Unternehmen, sei es Entwicklung, Buchhaltung, Logistik, Export, Innendienst usw.

Vor einiger Zeit hatte ich Kontakt zu einem Unternehmen, welches intern über die Angestellten nicht als „Angestellte" spricht. Wenn es dort um interne Kommunikation geht, wird immer über „Mitdenker" gesprochen. Der Betrieb bringt hier eine gewisse (motivierende) Erwartungshaltung zum Ausdruck: *Du bist nicht nur zum Arbeiten hier, sondern du bist auch hier, um deine Ideen, deine Gaben und eine Lösung mit einzubringen. Dazu denkst du selbst mit.* Diese Erwartungshaltung impliziert auch tiefe Wertschätzung. Wie wäre es, wenn Sie intern ebenfalls über Mitdenker sprechen? Würde das bei Ihnen im Unternehmen einen Unterschied machen?

4.1.2 Das Mindset der Vertriebsperson (Vertriebsmindset)

Wenn Ihnen als Vertriebsperson Ihr Mindset bewusst ist, wissen Sie, dass dieses Mindset großen Einfluss darauf hat, welche Ziele Sie sich vornehmen und wie schnell Sie diese erreichen (Dweck, 2020). Viel wichtiger ist aber, dass Sie Ihre Zukunft und Ihre Arbeitswelt nicht als Gefahr, sondern als Freiraum zur eigenen Gestaltung wahrnehmen. Eine Auswahl dessen, was das Vertriebsmindset beeinflusst, finden Sie in Abb. 4.1.

Tab. 4.1 zeigt an einigen Beispielen auf, wie sich ein statisches und ein dynamisches Mindset im Vertrieb darstellen und auswirken können.

Die Top-Vertriebspersönlichkeiten sind wissbegierig und können sich für vieles begeistern. Dieser Wissensdurst bezieht sich auf das eigene Unternehmen, dessen Produkte und natürlich auf den Kunden, dessen Unternehmen und dessen Produkte (Zupancic, 2019, S. 2). Diese Ver-

Abb. 4.1 Die unterschiedlichen Einflüsse auf das Vertriebsmindset

Tab. 4.1 Eigenschaften eines statischen und dynamischen Vertriebsmindsets

Statisches Vertriebsmindset	Thema	Dynamisches Vertriebsmindset
Der Kunde hat den Fehler gemacht	Reklamation	Sieht die Chance, den Kunden durch eine gute Reklamationsabwicklung noch enger zu binden
Werden als notwendiges Übel akzeptiert	Kundenwünsche	Werden als Ansporn für Übererfüllung gesehen
Wird im Unternehmenskontext akzeptiert, aber unter der Hand wird gelästert	Veränderung im Vertriebsumfeld	Veränderung wird aktiv gestaltet
Notwendige Pflichtschulungen werden gemacht	Lernen	Aktive Weiterbildung, geschäftlich und privat
Fehler werden im Außen gesucht	Fehler	Fehler gehören dazu, sie sind dazu da, um zu lernen und sich weiterzuentwickeln
Sieht sich in ständigem Wettbewerb zu Kollegen. Will als alleiniger Sieger auf dem Podest stehen	Leistung	Vertrieb wird nicht als Last, sondern als Spielwiese verstanden. Leistung passiert als Nebenprodukt
Nimmt die Absage persönlich. Ist dadurch oft frustriert	Absagen im Vertrieb	Sieht die Absage als Herausforderung: „Im Schnitt liegt die Konversionsrate bei 1:10, also habe ich nach dem sechsten negativen Termin nur noch vier Termine bis zum Erfolg."
Wenn etwas leicht, schnell und fehlerfrei in Übereinstimmung mit einer der Checkliste gemacht wird	Intelligenz	Wird über innovative Kundenlösungen definiert
Bringschuld: „Andere müssen zu mir kommen, wenn es etwas Neues gibt."	Information	Versteht die Frage nicht, denn die Person ist für ihren Informationsstand selbst verantwortlich

(Fortsetzung)

Tab. 4.1 (Fortsetzung)

Statisches Vertriebsmindset	Thema	Dynamisches Vertriebsmindset
Versucht, der direkten Konfrontation mit dem Kunden aus dem Weg zu gehen	Verhandlungen	Stellt die Anforderung des Kunden in den Mittelpunkt und kann sich der Situation anpassen
Wird sich auf Anweisung vom Vorgesetzten verändern, allerdings ist die Nachhaltigkeit nicht gewiss	Persönliche Entwicklung	Ist wichtiger als Karriere und stets ein Fokusthema
Wird als Bedrohung angesehen, hat Angst vor dem Wettbewerb	Preisverhandlung	Chance, da mit dem Kunden über die Zukunft gesprochen werden kann
Ist maximal einmal jährlich notwendig	Pricing	Ist ein kontinuierlicher Prozess und wird dynamisch integriert
Führt stark mit Kennzahlen und Gießkannenprinzip. Braucht seine Mitarbeiter in erster Linie für seinen eigenen Erfolg	Als Vorgesetzter/ Vertriebsleiter	Stellt die Leistungen seiner Mitarbeiter in den Fokus. Sieht seine Rolle als Ermöglicher seiner Mitarbeiter
Ist an meinen Charakter gebunden und daher nicht veränderbar	Denkstil	Ist veränderbar und anpassungsfähig
Kennzahl steht über der Person	Kennzahlen	Die Erfüllung der Kennzahlen ist das Nebenprodukt der engagierten Arbeit
Wenn überhaupt notwendiges Übel	Social Media	Integraler Bestandteil bei der Vorbereitung von z. B. Kundenterminen aller Art
Reiner Konsument	Social-Media-Aktivitäten	Hier wird in erster Linie nicht verkauft, sondern die Beziehung aufgebaut und gepflegt
„Ich erfülle meine Pflicht."	Leidenschaft	„Jetzt fängt es an, Spaß zu machen."

(Fortsetzung)

Tab. 4.1 (Fortsetzung)

Statisches Vertriebsmindset	Thema	Dynamisches Vertriebsmindset
Geht aus Angst zu scheitern dem Abschluss eher aus dem Weg	Abschluss	Der Abschluss ist erklärtes Ziel und alles zielt darauf ab
Wartet in der Regel, bis jemand auf ihn zukommt	Proaktivität	Geht lieber einmal mehr auf den Kunden zu
„Ich habe Zweifel, ob ich den neuen Anforderungen gerecht werde."	Zukunft	„Ich freue mich darauf, die Zukunft zu gestalten."

triebsmitarbeiter haben ein gesundes Selbstbewusstsein und ein ausgeprägtes Selbstwertgefühl. Sie erkundigen sich vor dem Besuch über Ihre Ansprechpersonen und können, zum Beispiel dank Social Media, auch herausfinden, was diese für Interessen haben. Es geht hier um ein ehrliches Interesse am Menschen, der immer im Mittelpunkt steht.

Diese Menschen können intuitiv eine Situation erfassen und ohne Checkliste auf etwaige Störungen positiv reagieren. Das Verkaufen wird dann zur normalsten Nebensache der Welt. Im Fokus ist eine strategische und solide Entwicklung des Kunden. Dem Kunden wird ein Mehrwert, ein Kundennutzen verkauft. Der dynamisch denkende Mensch weiß, wie er seinen Geschäftspartner am besten ansprechen kann.

„Vertrieb" ist also keine Position oder Stellenbeschreibung. „Vertrieb" bedeutet so viel mehr und kann nur mit einem richtigen Mindset nachhaltig erfolgreich sein: Das *Vertriebsmindset* macht den Unterschied.

4.1.3 Das Unternehmensmindset

Ähnlich wie bei einer Person kann auch ein Unternehmen Charakter- und Persönlichkeitsstrukturen aufweisen. Diese kommen dann in den Unternehmenswerten und der Unternehmenskultur zum Ausdruck. Je nach Art der Organisation kann dies unterschiedlich ausgeprägt sein. Auch hier gibt es ein statisches und ein dynamisches

Unternehmensmindset. Das Mindset im Unternehmen wird in der Regel von der Führung geprägt und beeinflusst sehr stark die Zusammenarbeit in einem Unternehmen, weil es auf alle im Unternehmen tätigen Personen eine Strahlkraft hat. Wie wird miteinander gesprochen, gestritten, gelitten und gelacht? Dies fällt Ihnen besonders auf, wenn Sie das erste Mal in einem Unternehmen sind – etwa als Gast oder neuer Mitarbeiter. Sie sehen Dinge, die langjährigen Mitarbeitern in einem Unternehmen nicht mehr auffallen.

In Tab. 4.2 sehen Sie die Unterschiede zwischen einem statischen und dynamischen Unternehmensmindset.

Wichtig: Das Unternehmensmindset hängt stark mit dem jeweiligen Vertriebsmindset der Führungskraft zusammen – und umgekehrt. Haben alle Führungskräfte in einem Unternehmen ein ähnliches Mindset, wird sich dies auf die gesamte Organisation auswirken. Das dadurch entstehende Unternehmensmindset, welches die Organisation nun als Ganzes ausstrahlt, wirkt sich auch umgekehrt auf das Mindset (dazukommender) Individuen aus.

4.1.3.1 Das statische Unternehmensmindset

Haben Unternehmen ein statisches Selbstbild, dann wird von einer Geniekultur gesprochen (Dweck, 2020, S. 138). Meist wird die Person an der Spitze ideologisch verehrt. Ein Mensch, der mit seinem überragenden Intellekt alles überblickt und entscheidet. Solche Personen glauben, dass es von Natur aus Menschen gibt, die anderen Menschen überlegen sind. Führungskräfte mit einem statischen Selbstbild gehen davon aus, dass der Mensch an seiner Führungsfähigkeit nicht viel ändern kann. Der Grad an Führungsfähigkeit lässt sich nicht verändern.

Die Mitarbeiter haben diese Fähigkeit oder sie haben diese nicht. Jemand wurde als Führungsperson geboren oder er ist eben keine Führungspersönlichkeit. Es gibt nur wenig Ansätze, um Mitarbeiter zu entwickeln. In einer solchen Kultur wird zum Beispiel ein Mitarbeiter eine neue Idee nicht sofort preisgeben. Die Person wird mehr damit beschäftigt sein zu überlegen, ob dieser Vorschlag gut oder schlecht ist.

Tab. 4.2 Eigenschaften eines statischen und dynamischen Unternehmensmindsets

Statisches Unternehmensmindset	Thema	Dynamisches Unternehmensmindset
Es werden überwiegend Naturtalente eingestellt	Talent	Kann in jedem Mitarbeiter entwickelt werden
Werden als Niederlage gesehen und selten zugegeben	Fehler	Sprechen von einer Lernkultur und nicht von einer Fehlerkultur
Dazu ist man geboren	Führung	Ist ein stetiger Entwicklungsprozess
Die Suche nach dem richtigen Naturtalent	Potenziale	Stetige Weiterentwicklung und Befähigung
Geniekultur	Kultur	Wachstumskultur
Der Mensch kann nur bis zu einem begrenzten Punkt entwickelt werden	Persönliche Entwicklung	Die Förderung der Mitarbeiter und der Führungskräfte ist erklärtes Unternehmensziel und Teil der Unternehmens-DNA
Hohes Maß an Kontrolle	Vertrauen in eigene Mitarbeiter	Großes Vertrauen in Mitarbeiter
Vermeiden von Risiken aus Angst vor Versagen und Gesichtsverlust	Risiko	Kalkuliertes Risiko
Stark an Leistung und Talente gekoppelt	Bewertung des Vorgesetzten über Mitarbeiter	Sehr hoch: Beschreiben Mitarbeiter als kooperativ, lernbereit und innovativ
Mitarbeiter werden beurteilt, um diese zu kategorisieren	Beurteilung	Ziel der Beurteilung ist die individuelle Weiterentwicklung des Mitarbeiters
Vorgesetzte sind darauf aus, die Macht zu erhalten und zu erweitern. Autorität wird als Status empfunden	Macht	Macht ist eine Eigenschaft, die sehr behutsam eingesetzt wird

(Fortsetzung)

Tab. 4.2 (Fortsetzung)

Statisches Unternehmensmindset	Thema	Dynamisches Unternehmensmindset
Mitarbeiter werden kleingehalten, damit Sie nicht zur eigenen Gefahr werden	Beförderung	Das Unternehmen feiert die Mitarbeiter, wenn sie über sich hinauswachsen
Schulung ist Mittel zum Zweck, um die Angestellten bei Laune zu halten	Schulung	Schulung und Weiterentwicklung wird als zentraler Bestandteil des Unternehmens gesehen
Wissen ist Macht und wird taktisch genutzt	Information	Es wird sehr viel und offen kommuniziert, mit Raum für Rückfragen
Es werden einzelne Personen für ihre Individualleistung gelobt und intensiviert	Leistung	Es wird der Weg zur Spitzenleistung gefördert, um möglichst große Teamleistungen zu erzielen
Viel Verantwortung wird auf wenige Köpfe verteilt	Verantwortung	Verantwortung wird durch kluge Netzwerke auf viele übertragen
Der Kunde ist Mittel zum Zweck, um Geld zu verdienen	Kunde	Alles Handeln ist auf die Übererfüllung der Kundenwünsche ausgerichtet
Der Fokus liegt auf dem Individuum	Zusammenarbeit	Der Fokus liegt auf der Gruppe und im Netzwerk
Starke Beharrlichkeit: „Das haben wir schon immer so gemacht. Wird eher als Gefahr betrachtet."	Change	Change ist Teil der Unternehmenskultur und wird als Chance betrachtet

Es wird überlegt, auf wie viel Ablehnung man stoßen könnte. Dadurch wird Innovation verhindert oder bereits im Keim erstickt.

Bezüglich der Kommunikation kann ein statisches Unternehmensmindset weitreichende Folgen haben. Die Tendenz, sich kritische Äußerungen zu erlauben, ist sehr gering. Dadurch entsteht eine gewisse Art von Gruppendenken. Alle denken ähnlich über eine Problemstellung. Es gibt keine kontroverse Diskussion mehr über alternative Lösungen. Verstärkt wird dieses Gruppendenken durch das nahezu grenzenlose Vertrauen in den scheinbar genialen Anführer (Dweck, 2020, S. 165).

Um nicht in diese Falle zu tappen, kann es helfen, wichtige Entscheidungen zunächst routiniert zu hinterfragen. Konkret kann das heißen: Sie treffen in Ihrem Unternehmen eine strategisch wichtige Entscheidung und sind sich zunächst einig. Dann werden eine oder mehrere Personen nominiert, die spielend die Gegenposition vertreten sollen. So kann die Entscheidung hinterfragt werden. Dieser Härtetest kann helfen, einen blinden Fleck aufzudecken, und schützt vor zu großer Einigkeit.

Wie sieht es in Ihrem Unternehmen aus? Darf offen und ehrlich über Probleme gesprochen werden? Haben Sie selbst den Mut, unangenehme Dinge direkt anzusprechen? Oder wird Ihnen nach jeder hinterfragenden Äußerung deutlich gemacht, dass solche Themen nicht diskutiert werden?

4.1.3.2 Das dynamische Unternehmensmindset

Wenn ein Unternehmen ein dynamisches Selbstbild hat, geht es davon aus, dass Führungskräfte und Mitarbeiter bereit sind zu lernen, stets ihre eigene Leistung mit einzubringen und so das Unternehmen wachsen zu lassen. Werden die Mitarbeiter mit hilfreichen, individuell zugeschnittenen Strategien angeleitet, spricht man von einer Wachstumskultur. Durch das Vertrauen und Zutrauen in die eigenen Mitarbeiter wachsen diese über ihre gewöhnlichen Leistungen hinaus.

Mitarbeiter in einem dynamischen Unternehmensmindset gehen offen und ehrlich miteinander um. Wenn es zu Problemen kommt, werden diese angesprochen. Die dortigen Mitarbeiter sind besser in der Lage, das Feedback aus Fehlern effektiv zu nutzen (Dweck, 2020, S. 162). Ein Missgeschick wird nicht als Niederlage gewertet, vielmehr als Wachstumspotenzial und Lernfeld.

Führungspersönlichkeiten eines Unternehmens mit einem dynamischen Mindset besitzen die Größe und die Kraft, andere Menschen über sich selbst hinauswachsen zu lassen. Sie haben Spaß daran, andere Menschen zu entwickeln. Auch wenn diese nach Coachings, Seminaren, Feedbacks und Trainings möglicherweise die nächste Karrierestufe anstreben. Eine Topführungskraft sollte in der Lage sein, einen „Schüler" an sich vorbei ziehen zu lassen, ohne dabei Angst zu haben, dass am eigenen Stuhl gesägt wird. Im Gegensatz dazu fürchtet sich die Führungskraft mit einem statischen Mindset davor, dass der Angestellte besser als sie selbst ist und es keinen Platz für beide gibt.

Was passiert, wenn sich Führungskräfte nicht mehr weiterentwickeln? Viele Führungskräfte haben zu Beginn ihrer Karriere viel Wert auf Weiterbildung, Coaching oder Training gelegt. Je nach Einstellung des Leiters nimmt dies im Laufe der Zeit und mit zunehmender Erfahrung ab. Möglicherweise wird auch die Aufgabenflut immer größer, sodass schlicht und einfach keine Zeit mehr bleibt, sich entsprechend weiterzubilden. Oder es herrscht die Annahme vor, dass es keine Themen mehr gibt, die einen weiterbringen können.

Die Gefahr für ein Unternehmen besteht darin, dass es ausschließlich auf der Suche nach Naturtalenten anstelle von Personen mit entsprechendem Entwicklungspotenzial ist. Einer dynamischen Organisation jedoch gelingt es, Menschen zu stetem Lernen zu animieren und für eine lebenslange Entwicklung zu belohnen. Denn so werden echte Führungskräfte mit einem dynamischen Mindset geschaffen (Dweck, 2020, S. 166). Zudem steigt die Loyalität eines Angestellten zum Unternehmen.

4.2 Zielsetzungen

4.2.1 Ergebnis- und Fortschrittsziel

Gerade im Vertriebsumfeld gibt es Tendenzen zur Starkultur, in der Individualleistungen gefördert werden. Darunter leidet in der Regel die Zusammenarbeit und die Teamfähigkeit (Dweck, 2020, S. 168).

Tab. 4.3 Ergebnis- und Fortschrittsziele (Covey, 2014, S. 24)

Ergebnisziel	Fortschrittsziel
Misst, zu welchem Grad das Ziel erreicht worden ist Lässt sich nur schwer beeinflussen Ist leicht und exakt zu messen	Sagt aus, wie wahrscheinlich das Ziel erreicht wird Lässt sich recht einfach beeinflussen Ist schwer zu messen, da meist weiche Faktoren gemessen werden

Stattdessen können sich durch eine Belohnung der Entwicklungsfähigkeit neue Führungskräfte herauskristallisieren. Die Mitarbeiter arbeiten dabei nicht auf ein festgelegtes Ergebnisziel wie beispielsweise die Ernennung zum Abteilungsleiter hin. Vielmehr werden Fortschrittsziele definiert, die nach und nach Rückschlüsse über die Führungsqualität zulassen. In der konkreten Umsetzung ist es für Mitarbeiter und Führungskräfte hilfreich, in diesen zwei Zielkategorien zu denken (siehe auch Tab. 4.3):

1. Ergebnisziel
2. Fortschrittsziel

Das Fortschrittsziel definiert sich nicht über konkrete Resultate oder Zustände, sondern formuliert messbare Prozesse und Handlungen als erstrebenswert. Deshalb kann es auch als Wegeziel beschrieben werden, das auf Ergebniszielen aufbaut und Erfolge auf dem Weg misst. Dem gegenüber zielt ein Ergebnisziel auf einen bestimmten Zustand, und ist erfüllt, wenn dieser erreicht ist. Ein Unternehmen kann Ergebnis- und Fortschrittsziel parallel festlegen. Sofern es gelingt, die passenden Fortschrittsziele zu definieren, stellen sich die gesetzten Ergebnisziele von allein ein.

Ein Beispiel dazu: Vor einigen Monaten hatte ich mit einem angehenden Geschäftsführer zu tun, der die Beförderung zum Geschäftsführer als ambitioniertes, aber machbares Ziel ansah. Es kostete ihn viel Anstrengung, doch er erreichte das Ziel. Als ich der Person gratulierte, herrschte Stille im Raum. Es folgte eine Ernüchterung, denn diese Persönlichkeit erkannte: *Ich habe mein Ziel erreicht und was kommt jetzt?* Der Fokus hatte nur auf dem Ergebnisziel gelegen. Als das nun erreicht war, gab es zunächst kein Ziel mehr, weil kein Fortschrittsziel im Vorfeld definiert worden war. Ein solches ist aber essenziell, denn Fortschrittsziele unterstützen ein dynamisches Unternehmensmindset und sollten deshalb für Mitarbeiter auf jeder Ebene ausgesprochen werden.

Die beste Lösung ist eine Kombination aus klarem Ergebnis- und nur schwer messbarem Fortschrittsziel. Idealerweise stehen diese beiden Ziele in Balance, wie es die folgende Abb. 4.2 zeigt.

Für Vertriebsmitarbeiter kann ein Fortschrittsziel z. B. sein: *Das Unternehmen möchte die Kundenbindung erhöhen.* Dies zu messen ist schwierig. Maßnahmen, die direkt aus solch einer abstrakten Formulierung abgeleitet werden, können die Loyalität hemmen. Deshalb können für dieses Fortschrittsziel unterstützende Ergebnisziele definiert werden wie z. B. die Erhöhung der Kundenkontaktpunkte. Daraus lassen sich dann konkrete Maßnahmen ableiten, etwa indem die Anzahl der Kundenbesuche definiert wird, der Verkaufsprozess oder die Bedienung der Website erleichtert werden usw. Diese Maßnahmen

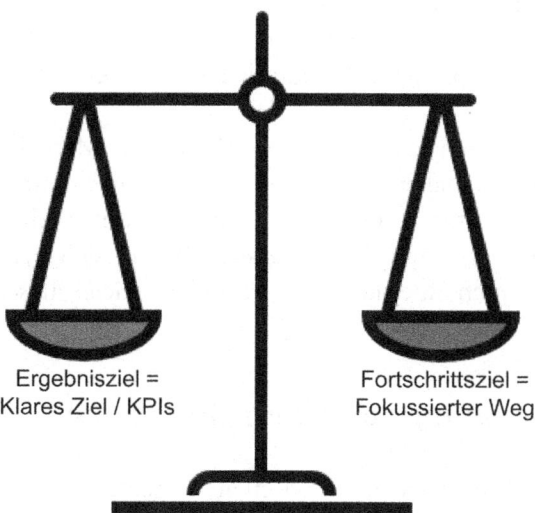

Abb. 4.2 Balance zwischen Weg und Ziel

beeinflussen zugleich das Fortschrittsziel, denn dieses hängt ja mit dem Ergebnisziel zusammen, zahlt darauf ein.

Ein privates Beispiel: Sie möchten gern Ihr Gewicht optimieren. Auch hier kann es helfen, zwischen Fortschritts- und Ergebnisziel zu unterschieden. Ein Fortschrittsziel kann sein, dass Sie sich dreimal in der Woche 30 min sportlich betätigen. Die Bewegung und die verbrannte Energie zahlen in das Ergebnisziel „Gewicht reduzieren" direkt ein und können gemessen werden.

Sie erinnern sich an das Beispiel des Geschäftsführers, der nach der Beförderung nicht mehr wusste, was nun noch kommen sollte? Welche weiteren Ziele hätte sich der Geschäftsführer noch setzen können? Auch nachdem er sein Ergebnisziel erreicht hatte?

Er hätte zum Beispiel daran arbeiten können, seine Qualitäten als gute Führungskraft zu fördern. Fortschrittsziele hätten dann sein können:

- Besuch eines Seminars für Kommunikation
- Einmal pro Woche mit einem potenziellen Nachwuchskandidaten ein gemeinsames Mittagessen
- Suchen eines Coaches oder Mentors
- Weiterbildung außerhalb des beruflichen Wirkens für neue Impulse

In meiner beruflichen Laufbahn hatte ich viel mit Menschen zu tun, die bereits viel bewegt haben. Sie waren wirtschaftlich und finanziell sehr erfolgreich und hatten in den meisten Fällen immer sehr viel Spaß bei der Arbeit. Deswegen empfehle ich auch Ihnen, sich neben konkreten Ergebniszielen auch überdauernde Fortschrittsziele zu setzen (Persönliche Ergebnis- und Fortschrittsziele).

4.2.2 Annäherungs- und Vermeidungsziel

Neben der Unterscheidung zwischen Ergebnis- und Fortschrittsziel, die vor allem für eine Führungsperson von großer Bedeutung ist und einer falschen Erwartungshaltung entgegenwirken soll, braucht es noch eine zweite Weichenstellung, die mit der Motivation jedes einzelnen Mitarbeiters in Zusammenhang steht. Wenn jemand erfolgreich ist, wird davon ausgegangen, dass die Person dazu motiviert ist, gute Leistungen abzuliefern. Motivation ist die eigene Kraft, ein Ziel mit dem persönlichen Benehmen erreichen zu wollen. In der Motivationspsychologie werden zwei unterschiedliche Arten der Motivation beschrieben (Gottschall et al., 2021, S. 4):

1. *Hin-zu-Strategie:* Ich möchte hin zu der Bestleistung. Ich möchte alles Erdenkliche probieren, um erfolgreich zu sein.
2. *Weg-von-Strategie:* Ich möchte mich nicht blamieren. Ich möchte mich nicht von meinen Kollegen bloßstellen lassen, dass ich nicht erfolgreich war.

Menschen können also durch ein Annäherungsziel (Hin-zu-Strategie) oder durch ein Vermeidungsziel (Weg-von-Strategie) motiviert werden. Diese beiden Arten der Zielsetzungen steuern unser Verhalten. Dabei kann es sein, dass zwei Personen durch unterschiedliche Motivationen die gleiche Vorbereitungszeit und den gleichen Aufwand für ein Ereignis betreiben. Die eine Person möchte Höchstleistung präsentieren, die andere eine Blamage verhindern. Siehe hierzu Tab. 4.4.

Was ist also der Unterschied zwischen einem Annäherungsziel und einem Vermeidungsziel?

Der Vorteil eines Annäherungsziels ist, dass die konkrete Situation vorstellbar, greifbar nah und erreichbar ist. Das Annäherungsziel motiviert also durch das Erreichen eines positiven Zielzustandes wie z. B. ein Projektabschluss oder ein gutes Feedback bei einer Präsentation.

Das Vermeidungsziel hingegen birgt eine große Gefahr in sich: Wenn wir vor der Herausforderung stehen, unsere Konzentration und Leistung zu steigern und uns nicht von der Anspannung ablenken zu lassen, dann verstärken wir dieses Problem, wenn wir etwas zu vermeiden suchen. Es ist zwar vernünftig, dass man sich vor belastenden Einflüssen schützen möchte. Doch Ratschläge wie „Denk einfach nicht daran!" funktionieren meist nicht. Der Fokus liegt dann auf dem „Nicht daran denken wollen" oder dem „Sich nicht ablenken lassen wollen". Vermeidungsziele helfen hier nicht weiter. Versuchen Sie es selbst:

Tab. 4.4 Beispiele für Annäherungs- und Vermeidungsziele

Annäherungsziele → Hin-zu-Strategie	Vermeidungsziele → Weg-von-Strategie
Ein Verkäufer möchte bei der nächsten Präsentation gut dastehen, daher übt er die Präsentation oft für sich allein	Ein Verkäufer möchte nicht, dass er bei der Präsentation oft unterbrochen wird, weil ihm die Teilnehmer nicht folgen können. Daher überarbeitet und übt er seine Präsentation oft für sich allein
Der Vertriebsleiter möchte bei der nächsten Betriebsversammlung seine Mitarbeiter begeistern, motivieren und mitreißen, daher trainiert er viel mit einem externen Coach	Der Vertriebsleiter möchte nicht langweilig bei der nächsten Vertriebskonferenz wirken, daher trainiert er viel mit einem externen Coach
Dem Geschäftsführer ist es wichtig, dass er vor der Betriebsversammlung Zeit hat und anwesend ist, falls ein Mitarbeiter etwas mit ihm besprechen möchte, deshalb ist er 30 min vor dem Termin im Konferenzraum	Der Geschäftsführer möchte wegen des starken Verkehrs nicht im Stau stehen, deshalb plant er mehr Zeit ein und ist 30 min vor dem Termin im Konferenzraum
Der Vorstand darf jeden Monat einen Bericht an die Belegschaft schreiben. Ihm ist es wichtig, dass die Belegschaft gute unterhaltsame Informationen bekommt, daher arbeitet der Vorstand mit einem Lektor zusammen	Der Vorstand möchte keine langweiligen Monatsberichte schreiben. Es soll sich niemand über den langatmigen Text beschweren, daher arbeitet der Vorstand mit einem Lektor zusammen

Stellen Sie sich einen Elefanten vor. Färben Sie ihn gedanklich rosa ein und stellen Sie sich vor, dass er hellblaue Punkte am ganzen Körper hat. Jetzt stellen Sie sich irgendein beliebiges Tier vor, egal welches, aber auf keinen Fall einen rosa Elefanten mit hellblauen Punkten am ganzen Körper. Und? Haben Sie an den rosa Elefanten gedacht? Die Gedanken kreisen sofort um das, was vermieden werden soll. Die Ablenkung provoziert, dass Sie sich auf das zu Vermeidende (Aufregung und Anspannung) konzentrieren, wodurch Sie das Gegenteil des Gewünschten erreichen.

Wenn Sie also ein Hindernis überwinden wollen, hilft es nicht, sich auf das Hindernis zu konzentrieren: „Oh nein, die Präsentation ist echt schwer, ich muss den Vorstand und den Einkaufsleiter überzeugen, sonst flieg ich raus". Vielmehr hilft es, sich auf Wege und Schritte zu konzentrieren, die das Hindernis überwinden (Eberspächer, 2011, S. 55). Ein realistischer, detaillierter Plan, wie das Hindernis überwunden werden kann, baut das Hindernis in kleinen Arbeitspaketen ab. Hierzu dient wiederum die Unterscheidung zwischen Ergebnis- und Fortschrittsziel (Abschn. 4.2.1).

Was muss ich also als Vertriebsverantwortlicher im Hier und Jetzt tun, um ganz bei mir zu sein, um ein gutes Ergebnis abzuliefern? Diese Frage lenkt auf ein positives Bewältigungsprogramm hin, woraus ein dynamisches Mindset entstehen kann. Solch ein Programm sehen wir beispielsweise an einem Change, der ein Unternehmen auf mehreren Organisationsebenen vor Herausforderungen stellt. Wir wollen uns im Folgenden im Detail diesem Prozess widmen.

Literatur

Birbaumer, N., & Schmidt, R. (2010). *Biologische Psychologie*. Heidelberg: Springer Medizin Verlag.
Covey, S. R. (2014). *Umsetzung, Essentials für die Unternehmensführung*. Offenbach: 2014 GABAL Verlag GmbH.
Dweck, C. (2020). *Selbstbild, Wie unser Denken Erfolg oder Niederlage bewirkt*. München: Piper.
Eberspächer, H. (2011). *Gut sein, wenn's drauf ankommt, von Top-Leistern lernen*. München: Carl Hanser Verlag.
Goffin, H. (2020). *Erfolgsunternehmen – empirisch belegte Wege an die Spitze. Wie erlangen führende Unternehmen besondere Ergebnisse?*. Berlin: Springer Gabler.
Gottschall, V., Kappes, S., & Dickhäuser, O. (2021). *Sportler*innen motivieren Gedanken verändern – Leistung steigern*. Wiesbaden: Springer Fachmedien Wiesbaden GmbH.
Permantier, M. (2019). *Haltung entscheidet, Führung & Unternehmenskultur zukunftsfähig gestalten*. getabstract. Vahlen: Getabstract.
Thiemann, D., & Skazel, R. (2020). *Zukunftskompetenz Vertrieb, So entwickeln Sie Ihr Unternehmen zu einer Top Sales Company*. Wiesbaden: Springer Gabler.
Zupancic, D. (2019). *Sales Drive, Wie sie durch konsequente Vertriebsorientierung im Wettbewerb gewinnen*. Wiesbaden: Springer Gabler.

5

Mindset und Change

Zusammenfassung Dieses Kapitel widmet sich dem Change als eine besondere Herausforderung für ein Unternehmen und somit auch eine Vertriebsorganisation, die ein dynamisches Mindset erfordert. Dabei werden die menschlichen Aspekte im Change-Prozess beleuchtet und ein schematisch dargestellter Ablauf eines Change-Prozesses wird aufgezeigt. Was durchlebt eine Organisation oder eine Person während eines Change? Ferner geht es um potenzielle Konflikte und ihre Bewältigung sowie die Wichtigkeit des „Case of Urgency", also der Dringlichkeit. Bei der Betrachtung der Intention wird eine Unterscheidung zwischen Symptom und Ursache dargelegt. Zum Schluss des Kapitels findet sich ein kurzer Abriss, was die Digitalisierung für ein Unternehmen bedeuten kann. Dabei hilft ein klares Ziel für den vertrieblichen Change in der Digitalisierung. Konkret geht es um die zentrale Frage, welchen Vorteil der Kunde bei einer Digitalisierung hat. Die Antwort auf diese Frage mündet dann in eine Digitalisierungsstrategie für ein Unternehmen.

5.1 Was hat Change mit Mindset zu tun?

Veränderung ist die Grundlage für einen nachhaltigen Erfolg. Menschen, die ein dynamisches Mindset haben, können sich vielleicht einfacher auf etwas Neues einlassen. Ein dynamisches Mindset betrachtet einen Change eher als Herausforderung, etwas, das es zu meistern gilt. Ein statisches Mindset hingegen sieht hierin eher die Gefahr des Scheiterns, dass etwas kaputtgehen kann.

Change ist wie eine Rolle Toilettenpapier, die sich langsam dem Ende neigt. Jeder weiß, man sollte die Rolle eigentlich wechseln. Aber das Wechseln hat noch Zeit, es ist ja noch was da. Vielleicht kümmert sich auch ein anderer darum. Wenn das Toilettenpapier da ist, ist es nicht im Bewusstsein, dass die Rolle vorhanden ist.

Ähnlich ist es beim statischen Mindset und Change. Man ist sich bewusst, dass etwas getan werden sollte. Die Veränderung sollte in Angriff genommen werden. Zu viel Konjunktiv aber läuft dem Change zuwider bzw. verhindert ihn: Hätte, könnte, sollte, müsste …

Jede Führungskraft hat die Rolle des Vermittlers zwischen Markt und Mitarbeiter. Dabei werden drei wesentliche Bereiche berührt (Grannemann & Seele, 2016, S. 8):

1. Das Unternehmen als Ganzes
2. Das menschliche Individuum
3. Die Führung als Transformationssteuerung

Wenn also (aus Ihrer Sicht) ein Change im Unternehmen ansteht, betrifft dieser gleich mehrere Ebenen und muss von Ihnen auf jeder Ebene verantwortet werden.

5.2 Wie kann ein Change-Prozess schematisch aussehen?

Jeder Change-Prozess ist anders, da jedes Unternehmen verschieden tickt. Die Menschen im Unternehmen sind unterschiedlich, haben andere Prägungen, andere Erfahrungen, andere Sichtweisen. Gewisse

Grundregeln lassen sich in einem Change-Prozess jedoch erkennen. Dabei handelt es sich um ein Schema, welches viele Aspekte des Change-Prozesses abdeckt. Es gibt, je nach Unternehmen, Anpassungsbedarf.

Für eine Vertriebsorganisation kann eine Change-Prozess zum Beispiel angestoßen werden durch die Einführung einer neuen CRM-Software oder durch eine Restrukturierung der Vertriebsgebiete.

In Abb. 5.1 ist ein schematischer Change-Prozess mit den unterschiedlichen Phasen dargestellt. Darin werden die drei Phasen Auftauen, Verändern und Stabilisieren dargestellt.

Der Auftauprozess hat viel mit Destabilisierung zu tun. Erst müssen gewisse Strukturen aufgebrochen werden, damit diese wieder neu, sinnvoller, zukunftsfähiger zusammengesetzt werden können. Dass dieser Prozess anstrengend, manchmal sogar schmerzhaft sein kann, ist normal.

In der Phase der Veränderung können Prozesse neu modelliert werden. In der Stabilisierungsphase werden diese schließlich konsequent umgesetzt, bis sie ein Automatismus werden.

Die einzelnen Phasen dienen dazu, zu verstehen, wo sich Ihr Unternehmen gerade im Prozess befindet (Streich, 2016, S. 24–27):

- **Phase 0: Die Ruhe vor dem Sturm**
  Alles scheint in Ordnung zu sein, alles geht seinen Gang. Es gibt keine großen Anzeichen, dass sich in irgendeiner Weise etwas zu ändern hat.
- **Phase 1: Aus dem Nichts tauchen tiefgreifende Probleme auf**
  Was zuvor keiner geahnt oder für möglich gehalten hat, passiert jetzt. Es tauchen gravierende Probleme im Prozess oder den Finanzzahlen auf. Keiner hat es gesehen, keiner hat es geahnt. Es fühlt sich an wie eine Schockstarre. Viele der Beteiligten fühlen sich hilflos.
- **Phase 2: Der erste Tiefpunkt – Schock**
  Aus purer Angst werden Sofortmaßnahmen definiert. Es herrscht Verzweiflung und Aktionismus.
- **Phase 3: Wut und Verneinung**
  Sie sind wütend auf sich und das Unternehmen. Sie wollen den Scherbenhaufen nicht sehen und nicht wahrhaben. Es schmerzt.

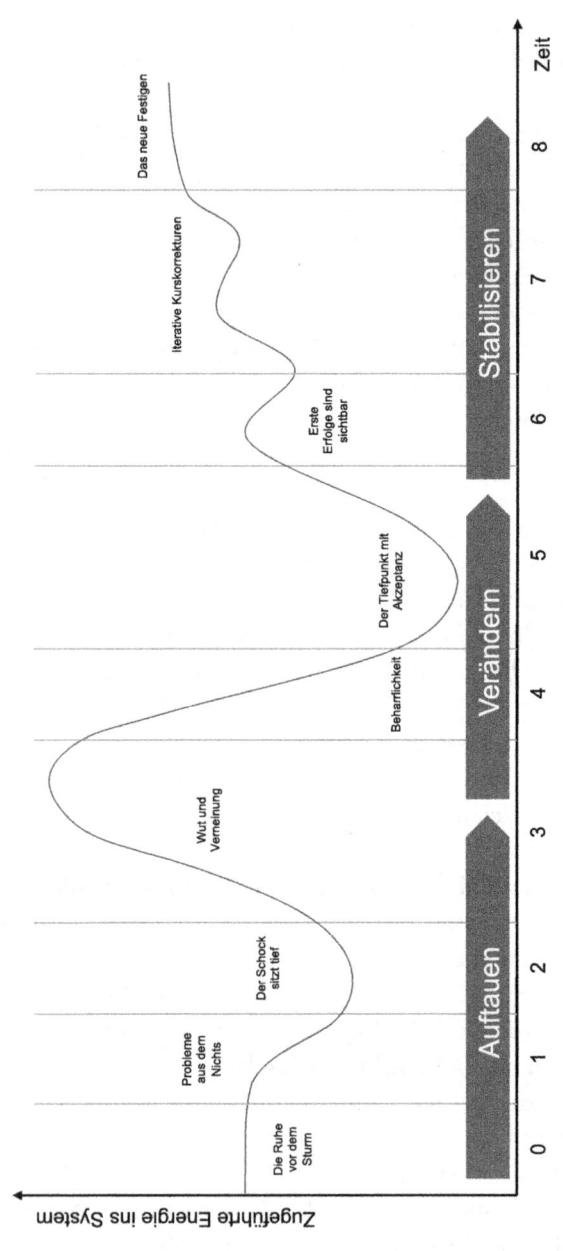

Abb. 5.1 Change-Prozess, eigene schematische Darstellung in Anlehnung an: (Grunwald, 2021, S. 9) und (Stolzenberg & Heberle, 2021, S. 277) und (Streich, 2016, S. 24)

Warum haben Sie nicht die Zeichen gesehen, dass das passiert? Warum haben Sie nicht auf Ihre Kollegen gehört, die Sie gewarnt haben? In dieser Phase unterscheiden sich das Selbstbild und Fremdbild erheblich.
- **Phase 4: Vor der Einsicht – Beharrlichkeit**
Sie wissen, dass sich etwas ändern muss, aber Sie haben vor der Veränderung Angst. Am liebsten wäre es Ihnen, alles bliebe beim Alten.
- **Phase 5: Der Tiefpunkt mit Akzeptanz**
Es ist klar, dass das Alte ausgedient hat. Eine Veränderung wird in Erwägung gezogen. Wehmütig schauen Sie auf das Alte zurück, es fühlt sich wie eine kleine Beerdigung an. Sie tragen Altes zu Grabe, dass Platz für Neues entstehen kann.
- **Phase 6: Die ersten Erfolge – Ausprobieren**
Es wird ausprobiert. Die ersten Maßnahmen greifen. Es herrscht Aufbruchstimmung. Sie wissen, dieser Weg ist der Richtige. Sie haben den ersten Erfolg würdig gefeiert.
- **Phase 7: Kurskorrektur unter Volldampf**
Nur ein fahrendes Schiff lässt sich lenken. Die Richtung stimmt, es muss aber immer wieder nachjustiert werden. Frust und Lust liegen sehr nahe beieinander. Aber Sie haben Hoffnung, dass es gut werden wird. Es geht nicht darum, alles auf einmal zu erreichen. Sie kommen dem Ziel Stück für Stück näher.
- **Phase 8: Das Neue etablieren**
Sie haben es dieses Mal geschafft. Jetzt heißt es, die neuen Strukturen und Prozesse zu festigen und zu etablieren. Die neuen Verhaltensweisen werden jetzt als selbstverständlich angesehen. Bis zum nächsten Change.

5.3 Change und Bergwandern

Ein Change-Prozess hat eine gewisse Ähnlichkeit mit einer Bergwanderung. In Abb. 5.2 sehen Sie im Punkt 1, wie Sie gerade loslaufen. Sie wandern los, freuen sich auf den Gipfel, kennen auch grob den Weg. An Punkt 2 machen Sie eine Extrakehre, weil der direkte Weg zu steil ist. An Punkt 3 denken Sie, Sie sehen schon den Gipfel. Der Schein

Abb. 5.2 Change ist wie Bergsteigen

trügt, das ist eine Erhöhung, über die Sie in Punkt 3 nicht hinaussehen können. Manchmal genügt es, den Beteiligten am Change-Prozess über diese Durststrecke hinaufzuhelfen. Menschen benötigen in unsicheren Zeiten von der Führungskraft Sicherheit und eine klare Richtung, wo es hingeht. An Punkt 4 wird es nochmals richtig steil. Der Anstieg ist schweißtreibend, auch für geübte Bergsteiger. Alle geben ihr Bestes. Es geht im Change-Prozess an das Eingemachte. Grundlegende Dinge werden verändert. Strukturen angepasst. Prozesse radikal überarbeitet. Das alles ist möglich, weil Sie das Ziel sehen. Sie sehen das Gipfelkreuz und können auch den Weg sehen. Es ist kein versteckter Hügel mehr, der den Blick auf das Gipfelkreuz versperrt.

Als verantwortliche Person in einem Change müssen Sie dafür sorgen, dass alle sicher am Ziel ankommen, die dabei sein wollen. Möglicherweise gibt es auch Personen, für die die Strecke zu anstrengend ist. Diese benötigen eine Möglichkeit zum Ausstieg oder Abstieg im Prozess.

5.4 Welcher Kundennutzen ergibt sich aus dem Change?

Bei dem Thema Change geht es oft um eine Innensicht im Unternehmen. Es wird überlegt, welche Prozesse und Abläufe angepasst werden müssen, um effektiver und effizienter zu werden, um Zeit und Geld einzusparen. Das ist legitim. Eine neue Sichtweise auf den Change-Prozess kann dadurch entstehen, dass der Kunde in den Mittelpunkt gestellt wird. Die folgenden Fragen können insbesondere Vertriebsverantwortlichen hierbei weiterhelfen:

- Welches Problem wird dadurch beim Kunden gelöst?
- Welchen Vorteil haben unsere Kunden durch den (digitalen) Change?
- Welche messbaren und spürbaren Verbesserungen gibt es aus Kundensicht?
- Welche vertrieblichen Ansatzpunkte lassen sich daraus ableiten?

Idealerweise können Sie die Innensicht Ihres Unternehmens und die Kundensicht beim Change-Prozess ineinander integrieren. So wird es zum Gewinn für beide.

5.5 Case of Urgency/Dringlichkeit erzeugen

Case of Urgency meint, dass alle am Change Beteiligten die gleich hohe Dringlichkeit für das Vorhaben sehen. Diese Dringlichkeit ist für das Gelingen eines Projektes von immenser Bedeutung. Auf Individualebene wurde der Case of Urgency in Abschn. 2.3.2 angesprochen. Jetzt geht es um den gesamtunternehmerischen Kontext.

Wenn Sie schon einmal Teil eines Projekts waren, bei dem eine Teamhälfte alles gegeben hat, um das Ziel zu erreichen, und der andere Teil des Teams nur das Nötigste gemacht hat, ist das unterm Strich für das gesamte Team frustrierend. Die Personen, die alles gegeben haben, fühlen sich von denen im Stich gelassen, die nur das Nötigste unternahmen. Die Personen, welche nur das Erforderlichste gemacht haben, fühlten sich von den anderen überrumpelt, überfordert und haben nicht verstanden, warum diese so engagiert waren.

Übertragen auf eine Fußballmannschaft könnte das so aussehen:
Das Mittelfeld und die Stürmer sind hoch motiviert, wollen das Spiel gewinnen und dem Gegner so richtig Druck machen. Sie nutzen jede Gelegenheit, dem Gegner den Ball abzunehmen und dann anzugreifen. Sobald der Ball allerdings in Richtung ihres Tores geht, sind sich alle einig: Jetzt sollte etwas unternommen werden. Die Abwehr und der Torwart stehen gesellig beisammen und unterhalten sich, genießen die Sonne. Da kommt der Ball angerollt. Der Torwart läuft gemütlich in Richtung Tor, die Abwehr verteilt sich entsprechend ihrer Aufstellung. Sie sind schon eine coole Truppe und verstehen sich gut.

Dass dieses Szenario unrealistisch und zum Scheitern verurteilt ist, ist klar. Hängt von so einem Spiel der Klassenerhalt oder ein Aufstieg ab, haben hier zentrale Funktionen der Mannschaft versagt. Kein Trainer der Welt würde so ein Spiel zulassen. Er würde zu Beginn des Spiels jedem Spieler seine Rolle und seine Aufgabe so erklären, dass es in dem gesamtspielerischen Kontext Sinn ergibt. Jeder Spieler kann sich im Detail ausmalen, was bei einem Erfolg oder bei einer Niederlage zu erwarten wäre.

Wenn Sie Vorgesetzter, Geschäftsführer oder Unternehmer sind und ein neues Change-Projekt zum Thema Digitalisierung in der Firma starten möchten, haben Sie sich lange damit beschäftigt. Vermutlich haben Sie mit Ihrem inneren Führungskreis vorab definiert, welche Themen relevant sind. Sie wissen, warum das Thema wichtig ist, und Ihnen ist ebenso bewusst, wie das Ergebnis aussehen soll. Sie sind sich ihrer Hin-zu-Strategie bewusst (Annäherungs- und Vermeidungsziel). Ihre Führungsmannschaft weiß dies ebenfalls. Lange, sehr lange haben Sie und Ihre Führungskräfte sich mit dem Thema beschäftigt. Alle Fragen wurden im Vorfeld geklärt. Themen wurden ausdiskutiert. Es wurde um einen Konsens gerungen. Verschiedenste Experten wurden gehört und bewertet.

Wenn Sie nun mit diesem Thema auf Ihre Mitarbeiter zugehen, haben Sie einen ungeheuren Wissensvorsprung. Fragen, mit denen Sie sich über Wochen und Monate beschäftigt haben, werden nun auch bei Ihren Mitarbeitern auftauchen. Für Sie sind alle Antworten mehr oder weniger klar. Für Ihre Mitarbeiter gibt es viele offene Themen. Diese Angelegenheiten machen Ihren Mitarbeitern vielleicht sogar Angst.

Befindet sich ein Unternehmen bereits im Krisenmodus, ist die Dringlichkeit oft nicht schwer zu erzeugen. Offensichtlich laufen Dinge schlecht. Die Verkaufszahlen gehen zurück, Kunden springen ab, Aufträge werden verschoben, Mitarbeiter fluktuieren. Es gibt für alle offensichtliche Warnsignale, dass sich etwas verändern muss. Manchmal sind aber Veränderungen nicht so eindeutig.

Gerade beim Thema Digitalisierung besteht nicht die hundertprozentige Dringlichkeit. Es läuft doch auch ohne. Oft beginnt eine Veränderung mit einem vagen Bauchgefühl. Zu Beginn können Sie nicht einmal benennen, was sich möglicherweise genau ändern muss. Es ist ein Gefühl wie die Ruhe vor dem Sturm. Es liegt in Ihrer Hand, diesem Gefühl nachzugehen. Vielleicht lassen sich die Veränderungen auch an Marktdaten festmachen. Aber nicht so eindeutig und so exakt, dass es für alle offensichtlich ist. Vielleicht haben sich auch die Verkaufszahlen etwas verändert. Nicht dramatisch, vielleicht sind sie auch nur gleichgeblieben.

Aber wie lässt sich ein Bauchgefühl kommunizieren? Wie reagieren Ihre Kollegen auf Ihre Beobachtungen? Sind Sie vielleicht der Erste, der einen Gedanken ausspricht, und andere haben ähnliche Ideen?

5.5.1 Die Frage nach dem Sinn im Change

Jeder Mensch steht im ständigen Austausch mit seiner Umwelt, mit den Menschen, den Systemen, in denen er sich bewegt, und mit sich selbst.

Die Sinnfrage wird immer wichtiger. Dabei handelt es sich nicht um einen spirituellen oder geistlichen, sondern pragmatischen Sinn. Wird die Arbeit von einer Person als sinnvoll erachtet, wird sie sich ganz anders mit der Arbeit identifizieren können. In vielen Gesprächen habe ich festgestellt, dass diese Fragestellung immer wichtiger wird. Sinn bei der Arbeit wird immer mehr zum Alleinstellungsmerkmal für ein Unternehmen. Je nach wirtschaftlicher Lage wird dies dann zum Hygienefaktor werden. Menschen dazu zu gewinnen, eine Arbeit ohne Sinn auszuführen, wird immer schwerer.

Dabei ist wichtig zu verstehen, dass eine Arbeit per se keinen Sinn ergibt. Vielmehr kann eine Person eine Tätigkeit als sinnvoll bewerten. Der Sinn wird also von der Person und nicht von der Organisation bestimmt. Eine sinnvolle Aufgabe im unternehmerischen Kontext zu bewältigen ist immer subjektive Entscheidung. Allerdings ist festzustellen, dass hier die Kommunikation eine große Rolle spielt. Erkennt eine Person im Unternehmen den Einfluss beziehungsweise den Beitrag, den sie für das Gesamte leistet? Hier hängt die Sinnfrage sicherlich auch an dem Thema der Gemeinschaft. Wird eine Aufgabe von mehreren Menschen als sinnstiftend empfunden, wird die Aufgabe als wertvoll erachtet. Möchten z. B. mehrere Personen eine neue Software einführen, wird dies von den beteiligen Personen als sinnvoll bewertet.

5.5.2 Ängste abbauen

Durch die Fragen aus Definition eines klaren Ziels für den Change können Ängste bei Personen im Unternehmen entstehen. Jeder Change bringt eine gewisse Unsicherheit ins Unternehmen. Unsicherheit mündet bei manchen Menschen in Angst. Unausgesprochen steht im Raum: *Brauchen mich die da oben noch in der Zukunft? Gibt es meine Arbeitsstelle dann überhaupt noch lange?* Diese Fragen ernst zu nehmen und eine valide Antwort darauf geben zu können ist überaus wichtig. Gerade Personen mit einem statischen Mindset haben ihre Schwierigkeiten mit Change. Change stellt für diese Personen eine Bedrohung dar.

5.5.3 Der Mensch im Mittelpunkt

Eine verlässliche Unternehmenskultur und eine wirksame, klare Führung geben Stabilität im Veränderungsprozess. Veränderung bringt immer auch Unsicherheit mit sich. Sie werden dies auch aus Ihrem eigenen Leben kennen: ein neuer Lebensabschnitt, ein Umzug, eine neue

Arbeitsstelle, die Geburt eines Kindes, der Tod eines lieben Menschen. Das sind tiefgreifende Eingriffe in Ihr Leben.

Wenn eine Veränderung von Ihnen selbst initiiert wurde, zum Beispiel der nächste Karriereschritt, werden Sie diesen optimistischer wahrnehmen. Sind Sie dagegen in einer reaktiven Situation, ist Change im ersten Schritt oftmals etwas Unangenehmes. Wenn andere Menschen über Sie entscheiden, was passieren soll oder was nicht, ist dies oft mit Unsicherheit verbunden.

Neben der Firmenkultur ist ein weiterer wichtiger Aspekt die Führungskraft. Haben Sie die Verantwortung für Ihr Unternehmen, Ihre Abteilung, ist es in Ihrer Verantwortung, die Menschen auf den Change vorzubereiten. Es liegt viel an Ihrer Kommunikation, wie Ihre Mitarbeiter die Veränderung auffassen werden. Sie können entweder Unsicherheit und Angst oder aber Vertrauen und Optimismus kommunizieren.

Ein nachhaltiger Veränderungsprozess ist immer eine Balance zwischen Akzeptanz und Veränderung (vgl. Abschn. 3.2.2). Verständnis ist die Grundlage von Akzeptanz. Wenn ich etwas nicht verstehe, kann ich es nur hinnehmen. Ich werde Dinge vielleicht umsetzen, aber diese nicht nachhaltig verfolgen. Nur wer versteht kann akzeptieren und dann sich sowie sein Umfeld verändern.

5.5.4 Kommunikationsstrategie

Nehmen wir an: Sie haben sich als Vertriebsverantwortlicher und als Initiator eines Change-Prozesses schon lange im Vorfeld über die Themen Gedanken gemacht und sich in Ihrem engen Führungskreis über die Themen ausgetauscht. Gemeinsam haben Sie überlegt, welche Lösungen es geben kann. Sie haben sehr viel Zeit, Energie und Kraft investiert. Es steckt Ihr Herzblut darin. Für Sie ist es selbstverständlich, dass dieses Projekt umgesetzt werden muss und das ist auch einleuchtend. Es ist von der Unternehmensstrategie abgeleitet. Es ist für Sie einfach klar: Der Change muss passieren. Sie haben Ihren engeren Führungskreis in die Entscheidungsfindung miteinbezogen. Für den scheint ebenfalls klar zu sein, um was es geht. Alle haben das Problem verstanden, kennen Lösungsansätze und wissen, wie Sie aus der ganzen Situation gestärkt herauskommen.

Wenn Sie das Thema mit der nächsten Führungsebene diskutieren, haben Sie einen immensen Informationsvorsprung. Sie haben über viele Tage, Wochen oder Monate vorgedacht. Für Sie ist das Thema überreif.

Diesen Informationsvorsprung hat im Unternehmen aber nur Ihr engster Führungskreis. Hier besteht die Gefahr – und das ist menschlich –, dass Sie davon ausgehen, dass Ihre Mitarbeiter Sie sofort verstehen. Ihre Mitarbeiter sind im Arbeitsmodus. Vielleicht haben sie noch gar nicht die Notwendigkeit für einen Change gesehen. Sie müssen sensibilisiert werden, warum der Change für sie und die Firma wichtig ist.

Geben Sie Ihren Mitarbeitern die Zeit und die Chance, dass Sie mit Ihnen auf Augenhöhe diskutieren können. Viele der besten Lösungen kommen von den Personen, die täglich mit dem Problem zu kämpfen haben. Das sind vermutlich nicht Sie als Führungskraft. Sie erkennen das große Ganze, dass einige Dinge nicht mehr richtig zusammenspielen. Geben Sie Ihren Mitarbeitern die Chance, Ihre Ideen miteinzubringen. Was für Sie selbstverständlich ist, ist für viele noch nicht ausreichend erklärt worden.

Ein hilfreiches Tool kann sein, dass Sie gemeinsam mit Ihren Kollegen eine Kommunikationsstrategie erarbeiten. Oberstes Ziel hierbei ist immer, transparent und nachvollziehbar für Ihr Unternehmen zu sein.

5.6 Die Unterscheidung zwischen Symptom und Ursache

Zu Beginn eines Change-Prozesses kann die Unterscheidung zwischen Symptom und Ursache noch sehr schwammig und unklar sein. Lassen Sie mich das an zwei Beispielen erklären.

1. Sie haben Kopfschmerzen und fühlen sich nicht gut. Die Kopfschmerzen sind das Symptom. Die Ursachen können vielfältig sein. Sie haben zum Beispiel den Tag über zu wenig getrunken. Oder das Problem hat vielleicht schon am Abend zuvor angefangen, dass Sie

zu viel Alkohol getrunken haben. Es können Verspannungskopfschmerzen sein, die auf zu viel sitzende Tätigkeit hindeuten. Die verschiedenen Ursachen selbst können wiederum verschiedene Gründe haben.
2. Drei Kinder spielen miteinander in einem Sandkasten. Sie spielen zusammen, bauen im Sand, verteilen Aufgaben. Es gibt unterschiedliche Spielsachen, verschiedene Schaufeln und Sandförmchen. Es läuft so lange gut, bis ein Kind scheinbar die ganze Zeit nerven muss. Die anderen beiden Kinder schauen sich das eine Zeit lang an und fangen dann an, das Kind zurückzuärgern. Es dauert unter Umständen gar nicht lange und es kommt zum Streit. Der Streit ist hier das Symptom. Er bringt ein anderes Problem zum Ausdruck. Vielleicht haben zwei Kinder intensiv miteinander gespielt und das dritte Kind durfte nicht mitspielen, obwohl es das sehr gern wollte. Oder ein Kind hat zu lange mit dem Lieblingsspielzeug des anderen Kindes gespielt, ohne vielleicht vorher zu fragen. Jetzt geht es darum, wieder ein Kräftegleichgewicht herzustellen. Eine Reaktion, um Aufmerksamkeit zu bekommen, ist: *Ich ärgere die anderen, die haben es ja verdient, wenn die ohne Fragen meine Schaufel benutzen. Wenn ich sie ärgere, müssen sie sich mit mir beschäftigen.* Vermutlich kennt keines der Kinder den Begriff der negativen Aufmerksamkeit. Je nach Alter der Kinder kommt es darauf an, ob sie den Sachverhalt erkennen können. Hierzu gehört sicherlich eine große Portion an Selbstreflexion. Wenn eine Person die Situation erkennt, kann sie entgegensteuern, bevor die Auseinandersetzung möglicherweise eskaliert.

In der Arbeitswelt sollte es allerdings anders aussehen. Hier haben die Sandkastenschaufel, das größere Spielzeug oder wer länger auf der Schaukel sitzen darf, einfach nur andere Namen. Dazu einige Beispiele:

- **Restrukturierung im Vertrieb**
  Nehmen wir an, Sie arbeiten in einem Unternehmen, in dem es mehrere Vertriebsleiterpositionen gibt. Durch eine angedachte Restrukturierung im Vertrieb werden Vertriebsgebiete zusammengelegt. Sie als einer der Vertriebsleiter haben nun möglicherweise Angst, dass Ihre Stelle gestrichen wird. Sehen Sie dies als Chance oder als

Bedrohung? Begegnen Sie der Situation mit einem dynamischen oder aber einem statischen Mindset?

- **Beförderung**
Sie haben lange mit viel Engagement und Eifer im Vertrieb Ihres Unternehmens gearbeitet. Viele der Erfolge sind auf Ihren Einsatz zurückzuführen. Im Unternehmen wird eine neue Stelle als Vertriebsleiter geschaffen. Zuvor gab es einen Change-Prozess dazu, wie die neue Abteilung im Unternehmen angesiedelt wird. Sie haben auch bei Ihrem Vorgesetzten schon angedeutet, dass Sie größtes Interesse an der neuen Position haben. Durch den Flurfunk haben Sie mitbekommen, dass es einen weiteren Kandidaten für diese Stelle gibt, welcher die besten Chancen für die Position hat. Sie fühlen sich übergangen. In der Abteilungsbesprechung wird die neue Struktur vorgestellt. Wie gehen Sie mit der Situation um? Sind Sie Unterstützer des Change oder sind Sie dagegen?

- **Projektteam**
Es gibt ein Projektteam für ein neues Serienprodukt. Sie haben als Koordinator im Vertrieb gute Arbeit geleistet, das Team motiviert, Ergebnisse abgeliefert und waren im Zeitplan. In der Vergangenheit war es so, dass wenn ein Projektkoordinator ein Projekt erfolgreich in die Serie überführte, er quasi automatisch verantwortlich für den Produktrollout im Vertrieb wurde. Das ist einer Karrierechance gleichzusetzen. Was Sie nicht wussten, ist, dass eine andere Serie ausläuft. Der dortige Leiter braucht eine neue Serie. Der Vorgesetzte wusste nichts von Ihrem Wunschdenken. Es war Ihre Erwartungshaltung, die Sie gegebenenfalls auch nicht sauber kommuniziert haben. Ihr Vorgesetzter teilt Ihnen mit, dass die Serienproduktion an den Kollegen geht. Wie verhalten Sie sich bei der Projektübergabe?

- **Taktieren**
Je nachdem, wie die Kultur in einem Unternehmen ist, kann ein Change-Prozess überaus spannend sein. Je nach politischer Gemengelage kommt zur Sachebene noch die politische Ebene dazu. Zum Beispiel vertreten zwei Führungskräfte unterschiedliche Interessen. Beide haben Ambitionen auf den nächste Karriereschritt. Sie wollen beide im Unternehmen gut dastehen und versuchen, einige Dinge zu ändern. Hier kommt auch die Frage auf: Was ist Symptom,

was ist Ursache? Hier wäre das Projekt lediglich Mittel zum Zweck, also ein Symptom. Eigentlicher Grund für das Projekt ist die Selbstdarstellung und Positionierung im Unternehmen. Wenn Sie Teil des Projekts sind, ist es für Sie wichtig zu wissen, was passiert, wenn eines der Projekte scheitert oder wenn es zum Erfolg führt. Werden zum Beispiel Abteilungen zusammengelegt, ist die Frage: Wo wird die Führungskraft sein, wenn die Abteilung geschlossen wird? Werden Führungskräfte veranlasst zu gehen, kann es sein, dass es die engsten Mitarbeiter zukünftig im Unternehmen schwer haben werden. Fraglich ist, ob die neue Führungskraft diese promotet. Oder wird die Führungskraft in Ihnen eher die sehen, die früher gegen sie gekämpft haben? Dass dies in der Realität nie so war, spielt keine Rolle. Hier geht es um die Wahrnehmung der anderen Person.

5.7 Konflikte im Change

Viele Veränderungsprozesse haben das Potenzial für Konflikte. Dies als Chance zu sehen ist nicht immer einfach. Eine Person mit einem dynamischen Mindset sieht einen Konflikt als Chance. Sie sucht die beste Lösung für beide Seiten und hat auch keine Angst vor dem Konflikt.

Eine Person mit einem statischen Mindset geht Konflikten jedoch aus dem Weg. Konflikte sind negativ besetzt. Es geht um Gewinnen oder Verlieren. Beim Verlieren ist es für die Person besonders schlimm, da es sich dann nicht nur um ein Einbüßen handelt, sondern auch um einen Gesichtsverlust. Eine Niederlage, die gegenüber einer anderen Person eingefahren wurde. Daher meiden Personen mit einem statischen Mindset Konflikte.

Es gibt während eines Change-Projektes sicherlich viele Gründe, warum es zu einem Konflikt kommen kann. Jeder Konflikt hat die Chance, dass es hinterher besser ist. Also steckt auch in jedem Konflikt das Potenzial, dass man sich tatsächlich streitet. In Abb. 5.3 werden die neun Stufen in einem Konflikt beschrieben (Meyer & Glasl, 2011, S. 126–128). Diese Stufen sind in drei Gruppen unterteilt. Es ist nur bis zu einem gewissen Punkt möglich, einen Konflikt selbst zu lösen. Ab

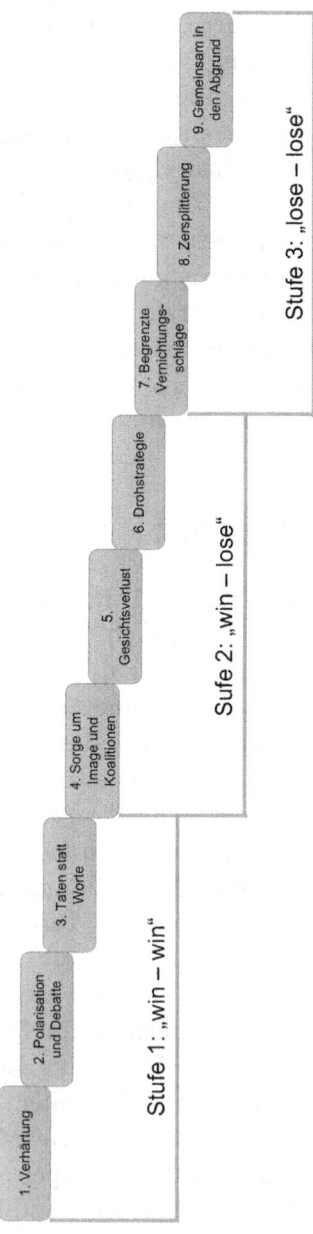

Abb. 5.3 Die Phasen eines Konflikts (Glasl, 2022)

dann kann eine beteiligte Person einen Konflikt nicht mehr allein deeskalieren.

- **Stufe 1: Verhärtung**
  Gegensätzliche Standpunkte prallen aufeinander, Positionen verhärten sich. Teilweise wird verkrampft diskutiert. Es herrscht die Überzeugung, dass das Problem durch Gespräche gelöst werden kann.
- **Stufe 2: Polarisation und Debatte**
  Es herrscht in der Kommunikation eine gewisse Grundpolemik aufgrund von Schwarz-Weiß-Denken. Es gibt teilweise verbale Gewalt. Die Parteien werten sich gegenseitig ab.
- **Stufe 3: Taten statt Worte**
  Es herrscht die Annahme, dass Reden nichts mehr hilft. Es werden Tatsachen vollendet. Die Empathie im Gespräch geht verloren. Es gibt teilweise Drohgebärden. Es wird viel interpretiert.
- **Stufe 4: Sorge um Image und Koalitionen**
  Einzelne Parteien werben um Anhänger. Man manövriert sich gegenseitig in negative Rollen.
- **Stufe 5: Gesichtsverlust**
  Es kommt zu öffentlichen und direkten Angriffen, zum Vorwurf des Ehrverlustes. Es wird versucht, die Gegenpartei abzugrenzen, auszustoßen und zu verbannen.
- **Stufe 6: Drohstrategien**
  Es gibt Erpressungsversuche, Drohungen und Gegendrohungen. Forderungen nach Sanktionen werden laut. Dem Gegner werden bewusst Fallen gestellt.
- **Stufe 7: Begrenzte Vernichtungsschläge**
  Menschliche Qualitäten bleiben außen vor. Stattdessen sind begrenzte Vernichtungsschläge die Antwort. Ein relativ kleiner Schaden des Gegners wird als Gewinn interpretiert.
- **Stufe 8: Zersplitterung**
  Das feindliche System wird gelähmt. Der Gegner wird von Ressourcen abgeschnitten.

- **Stufe 9: Gemeinsam in den Abgrund**
  Es gibt keinen Weg mehr zurück. Es gibt nur noch die totale Konfrontation. Auch wenn man dabei selbst zugrunde geht, wird der Gegner um jeden Preis vernichtet.

Ist man selbst an einem Konflikt beteiligt, kann man diesen bis maximal zur Stufe 4 noch selbst bewältigen. Ab dann benötigen Sie in der Regel die externe Hilfe eines Mediators oder Vorgesetzten. Daher ist als Führungskraft oder verantwortliche Person das Thema der Konfliktprävention umso wichtiger. Stehen Sie vor einem großen Change-Projekt, kann es helfen, wenn Sie Ihre Mitarbeiter zum Thema Konflikt, Umgang mit Stress und Druck zuvor schulen (Meyer & Glasl, 2011, S. 128).

5.8 Führungsaufgabe „Change" – Change-Management oder besser Change-Leadership?

Führungskräfte haben die Aufgabe, Change-Vorhaben im Unternehmen zu erkennen und diese erfolgreich umzusetzen (Streich, 2016, S. 16).

Eine Führungskraft, die den Change operativ verantwortet, sollte einige Kompetenzen aufweisen (Streich, 2016, S. 22–23). Sie…

- denkt und handelt strategisch
- kennt die sozialen Aspekte des Change und der einhergehenden Ängste und Bedürfnisse der Mitarbeiter
- versteht die Sprache des Topmanagements und kann in andere Hierarchiestufen übersetzen
- baut eine persönliche Beziehung zu den am Change beteiligten Akteuren auf und pflegt diese
- hat Rückhalt im Unternehmen und kann dort seine eigene Stellung beziehen
- kennt Tools zur Konfliktbewältigung
- kann, will und darf den Change vorantreiben

Change hat immer etwas mit Führung zu tun und Führung hat immer etwas mit Change zu tun. Change-Management ist zwar ein weit akzeptierter Begriff, trifft aber aus meiner Sicht nicht den Kern der Tatsachen. Viel besser wäre der Ausdruck: Change-Führung. Führung in dem Sinne, dass im Change-Prozess allen Beteiligten eine klare Richtung vorgegeben wird. Führung vermittelt hier Sicherheit. Change hat immer etwas mit Unsicherheit zu tun. Es ist nicht klar, wie die neue Zukunft aussehen wird. Es ist nicht klar, ob allen Beteiligten die neue Zukunft passen wird und ob alle bei dem Prozess mit dabeibleiben werden. Die Aufgabe der Führung ist es, Menschen in unklaren Situationen die Sicherheit zu geben, dass es gut werden wird.

Einige wenige haben erkannt, dass es anders werden muss. Change funktioniert dann am besten, wenn das Topmanagement und die Führungskräfte verstanden haben, um was es geht. Wenn der Case of Urgency verstanden und gelebt wird.

Führungskräfte tun gut daran, wenn sie ihre Ideen so kommunizieren und beschreiben, dass alle es verstehen können. Ein überaus guter Nährboden für Konflikte und Widerstand ist es, wenn schlechte Kommunikation einen Change vorbereitet oder Teilinformationen ohne Absprache kommuniziert werden. Menschen mögen Geschichten. Menschen mögen Bilder. Eines der besten Beispiele findet sich in der Bibel: Jesus hat in Gleichnissen und Bildern gesprochen, weil er wusste, dass sich die Menschen das leichter vorstellen und merken können. Beschreiben Sie die Zukunft, wie diese aussehen kann, wenn Sie den Change erfolgreich umgesetzt haben. Wie wird sich die neue Situation anfühlen? Es wird eine bessere Zukunft sein. Diese Bilder dürfen Sie als Führungskraft Ihren Mitarbeitern ausmalen.

5.9 Beispiel eines Change: Digitalisierung im Vertrieb

Der Begriff der Digitalisierung wird an vielen Stellen im Unternehmen gebraucht, im Vertrieb ebenso wie im Controlling. Im betriebswirtschaftlichen Kontext gibt es keine allgemeingültige Definition des

Begriffs Digitalisierung (Schallmo & Lohse, 2020, S. 5). Je nach digitalem Reifegrad eines Unternehmens durchläuft der Begriff Digitalisierung einen Wandel. Die Einführung einer neuen Software in einem Unternehmen wird oft als Change-Projekt bezeichnet. Es gibt einen klaren Startpunkt und ein definiertes Ende. Ab dann soll jede Person mit der neuen Software arbeiten. Ähnlich verhält es sich mit der Einführung neuer Technologien im Vertrieb.

Digitalisierung ist die Transformation eines analogen Prozesses in digitale Prozesse, um hier eine Effizienzsteigerung zu erlangen. Eine Software übernimmt die Aufgaben, welche früher durch eine oder mehrere Personen erledigt wurden. Große Datenmengen werden verarbeitet, analysiert und geordnet. Die Digitalisierung ist ein Prozess, welcher sich durch neu erscheinende Technologien am Markt immer weiter entwickelt. Irgendwann wird die Digitalisierung durch eine neue Technologie abgelöst werden. Ähnlich bei dem Übergang von Dampfmaschine auf Verbrennungsmotor. Die Idee des Fortbewegens ist dieselbe, die Technologie dahinter hat sich verändert. Digitalisierung wird sich als Teil der Unternehmenskultur etablieren. Dabei geht es um die Offenheit für neue Technologien und Innovationen.

Ein Beispiel aus dem Vertrieb ist das CRM-System (Customer-Relationship-Management). Es handelt sich dabei um eine Software, die alle vertrieblich relevanten Kundeninformationen in einer Software darstellt. Das ist bereits Standard in vielen Bereichen. Ich hatte schon die Möglichkeit, mehrere CRM-Systeme in Unternehmen einzuführen. Hier war immer meine Aussage: Ein CRM-System ist nicht nur eine Software, sondern eine innere Haltung. Genauso kann auch Digitalisierung verstanden werden. Digitalisierung ist eine Vielzahl von technischen Lösungen, welche analoge Prozesse in digitale Abläufe umwandeln. Dahinter steckt aber viel mehr eine Idee, ein Gedanke, ein dynamisches Mindset, welches davon ausgeht, dass Veränderung etwas Positives ist.

5.9.1 Definition eines klaren Ziels für den Change

Gerade für den Bereich der Digitalisierung ist die Definition eines klaren Zieles sehr wichtig. Denn häufig geht es sehr abstrakt zu. Umso wichtiger ist die Konkretisierung auf Abteilungsebene. Was bedeutet Digitalisierung in den einzelnen Abteilungen? Welches Problem genau wird durch die Digitalisierung gelöst? Dabei kann es helfen, eine unternehmensinterne Definition zu finden: Was genau versteht Ihr Unternehmen unter Digitalisierung? In vielen Gesprächen habe ich festgestellt, dass es hier keine einheitliche Sichtweise in Unternehmen gibt.

Per Definition ist ein Veränderungsprojekt, wie jedes andere Projekt im Projektmanagement auch, mit einem klaren Starttermin und einem geplanten Endtermin datiert. Digitalisierung ist ein Prozess. Aber gleichzeitig ist dieser Prozess in einzelne Projekte untergliedert. Möglicherweise erscheint dies auf den ersten Blick widersprüchlich. Stand heute ist die Digitalisierung ja nicht zu einem gewissen Zeitpunkt in der Zukunft beendet. Hier kann es hilfreich sein, ein passendes Fortschrittsziel (Abschn. 4.2.1) unternehmensindividuell zu definieren. Fortschrittsziele helfen dabei, sich auf die dynamische Seite des Mindsets zu bewegen.

Welches Problem soll durch den Change gelöst werden? Durch die Beantwortung dieser Frage lässt sich der „Case of Urgency" ableiten. Gleichzeitig kann diese Frage Ihnen helfen, Ihren Change-Prozess zu gliedern. Ist es Ihnen möglich, das Problem so genau zu beschreiben, dass Sie daraus ein Zielbild ableiten können?

Eine weitere hilfreiche Frage kann sein: Wie sieht das Unternehmen aus, wenn das Problem gelöst wurde? Was läuft danach besser? Welche Ergebnisse haben sich verbessert? Geht es den Menschen, nachdem die Herausforderung gemeistert wurde, besser?

5.9.2 Kunden- und Vertriebsnutzen im digitalen Change

Bei der Nutzung von Technologien gibt es im Vertrieb zwei Herangehensweisen:

1. Intern: Welchen Vorteil hat der Vertrieb beim Einsatz der Technologie?
2. Extern: Welchen Vorteil hat der Kunde beim Einsatz der Technologie?

Die beiden Fragen sollen hier jedoch nicht gegensätzlich verstanden werden. Es soll keine Entweder-oder-Fragestellung sein, sondern vielmehr ein Sowohl-als-auch. Deshalb ergibt sich als abgeleitete Frage:

3. Welche Technologie ergibt die größten Schnittmengen aus Kunden- und Vertriebsnutzen?

Abb. 5.4 zeigt die Überschneidung von Kunden- und Vertriebsnutzen. Diese Abbildung soll den Schwerpunkt auf die Entwicklung in der Kundenbeziehung verlagern. Idealerweise ergibt die Schnittmenge von Kunden- und Vertriebsnutzen eine größere Fläche (Elste, 2016, S. 17).

Die Aufgabe der Führungskraft ist es, die drei Fragen klar zu beantworten. Je klarer und eindeutiger die Frage nach dem Nutzen, intern wie extern, beantwortet werden kann, umso einfacher wird es sein, hinterher eine passende Dienstleistung zu finden. Diese Dienstleistung zahlt dann auf Kundenseite und Unternehmensseite ein (Abb. 5.5).

Idealerweise haben durch den Einsatz der neuen Technologie beide Seiten einen Vorteil. Vermutlich kennen Berufseinsteiger nach 2010 im Vertrieb keine Fahrt zum Kunden ohne Navi.

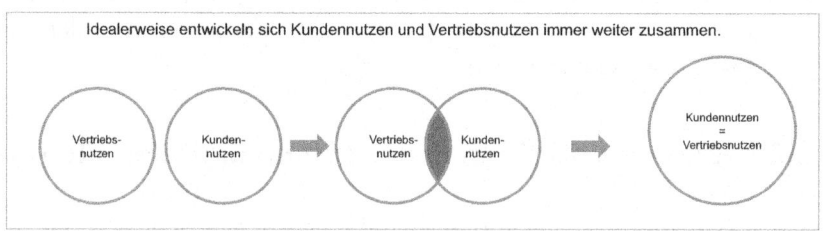

Abb. 5.4 Entwicklung des Kunden- und Vertriebsnutzen. (Eigene Darstellung)

5 Mindset und Change

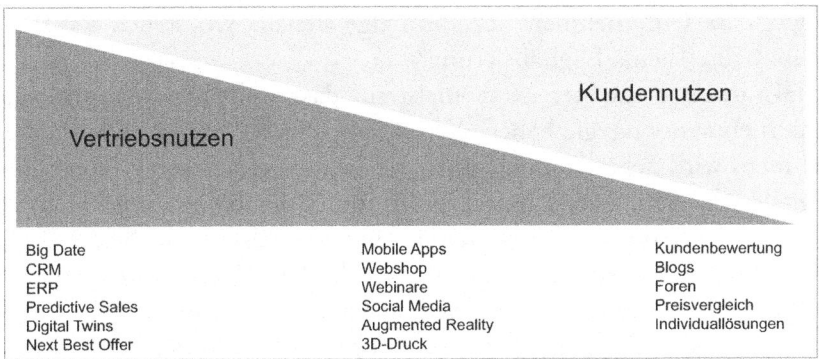

Abb. 5.5 Exemplarische Darstellung des Nutzenschwerpunktes in Anlehnung an Elste, 2016, S. 18, mit eigenen Darstellungen

Wenn wir über Digitalisierung im Vertrieb nachdenken, soll dies nicht den Anschein erwecken, die Menschen zu ersetzen. Bei der Digitalisierung im Vertrieb geht es darum, eine Technologie zum Einsatz zu bringen, die den Menschen in seinem Handeln effektiver und effizienter macht. Digitalisierung ist ein Werkzeug, ein Hilfsmittel, um fokussierter den nächsten Schritt zu gehen.

Wichtig bei der Digitalisierung im Vertrieb ist es, unter den Gesichtspunkten des Change die Ängste, wie bereits in Abschn. 5.5.2 beschrieben, ernst zu nehmen.

5.9.3 Digitalisierungsstrategie im Unternehmen

Unter einer Digital- oder Digitalisierungsstrategie kann die Gesamtheit der digitalen Aktivitäten im Zusammenhang mit der Unternehmensstrategie verstanden werden. Eine Digitalstrategie und eine Unternehmensstrategie sollten zusammen erstellt werden.

Eine Digitalisierungsstrategie kann als holistischer Ansatz eines Unternehmens verstanden werden, um den digitalen Wandel aktiv zu steuern. Zielsetzung davon kann ein Wettbewerbsvorteil in Form von exakteren Daten sein, die eine Effizienz- und Effektivitätssteuerung haben können. Diese unklare Definition von „Digitalisierung" hat zur

Folge, dass Unternehmen sich die Frage stellen: Wo stehen wir überhaupt beim Thema Digitalisierung?

Historisch betrachtet ist es meist so, dass viele Unternehmen eine Unternehmensstrategie haben. Je nach digitalem Reifegrad eines Unternehmens wird neben der eigentlichen Unternehmensstrategie auch über digitale Aktivitäten nachgedacht. Vermutlich dauert es einige Zeit, bis aus einzelnen digitalen Aktivitäten eine Digitalstrategie heranwächst. Danach dauert es nochmals einige Zeit, bis die Unternehmensstrategie und die Digitalstrategie ineinander aufgehen (siehe Abb. 5.6).

Was dann passiert, lässt sich aus meiner Sicht nur mutmaßen. Je nach Branche und je nachdem, in welchem Lebenszyklus das Unternehmen steht, kann eine der beiden Strategien in den Vordergrund gestellt werden. Wichtig ist jedoch, dass sie auf lange Sicht dieselben Ziele im Blick haben (Abb. 5.7).

Dass eine solche Strategie eine essenzielle Notwendigkeit darstellt, zeigt eine Befragung aus 2021, in der nur 33 % der Unternehmen sagen, dass es eine zentrale Strategie für die Digitalisierung gibt, 50 % sagen, dass es in einzelnen Bereichen im Unternehmen Strategien für

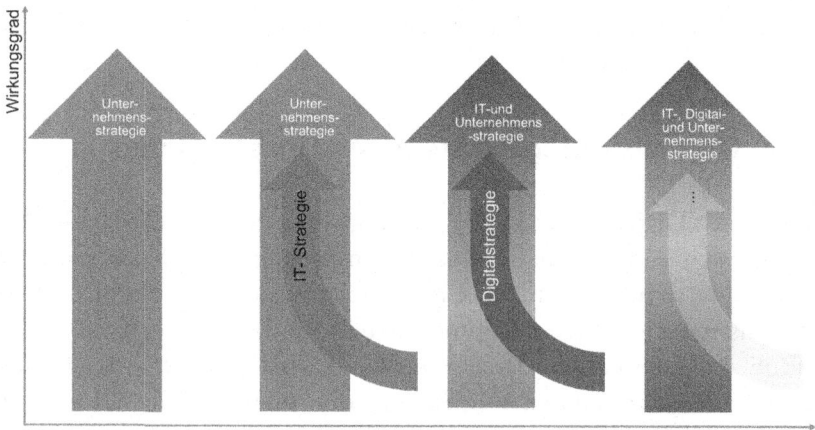

Abb. 5.6 Entwicklungssymbiose von Digital- und Unternehmensstrategie (eigene Darstellung)

Abb. 5.7 Der Zusammenhang zwischen Unternehmensstrategie und Digitalstrategie in Anlehnung an: (Schallmo & Lohse, 2020, S. 7)

die Digitalisierung gibt, und 16 %, dass es keine Strategie für die Digitalisierung gibt. 1 % der Befragten weiß es nicht (Bolkart, 2022).

Alle Strategien im Unternehmen leiten sich von der Unternehmensvision ab. Die Strategie entwickelt einen Weg, diese Vision zu erreichen. Digitale Medien sind hier Hilfsmittel, um die Vision zu erreichen.

5.9.4 Digitaler Reifegrad im Vertrieb

Abgeleitet von der Unternehmensstrategie ergibt sich eine Vertriebsstrategie. Auch hier braucht es dieselbe Herangehensweise. Es werden immer mehr digitale Tools im Vertrieb eingesetzt, bis es zu dem Punkt kommt, dass ein Unternehmen sich explizit eine Digitalstrategie im Vertrieb entwickelt.

Da es sich um einen hochindividuellen Prozess handelt, habe ich Ihnen einige Fragen, welche Ihnen bei der Digitalisierung im Vertrieb helfen können:

- *Welches Problem lösen wir bei Kunden (extern) durch den Einsatz des digitalen Tools?*
- *Welches Problem lösen wir bei Kollegen (intern) durch den Einsatz des digitalen Tools?*
- *Bringt das digitale Tool uns näher zu Kunden?*
- *Welchen Nutzen kann der Kunde vom Einsatz des Digitaltools erwarten?*
- *Wie passt das digitale Tool in den Kontext der Unternehmensstrategie?*

Die Bedeutung von digitalen Prozessen und der Nutzung von IT-Infrastrukturen nimmt immer weiter zu (Hartmann, 2021, S. 1). Rückblickend ist zu sehen, dass hier ein Wandel stattfindet. Zu Beginn wurden digitale Prozesse vereinzelt als Unterstützungsfunktion angesehen. Heute werden diese Prozesse als maßgebliche Treiber von neuen Prozessen betrachtet.

Literatur

Bolkart, J. (01 2022). *Statista*. Von https://de.statista.com/statistik/daten/studie/1284434/umfrage/umfrage-unter-unternehmen-zu-digitalisierungsstrategien/#statisticContainer.

Elste, R. (2016). Paradigmenwechsel im Vertrieb – Konsequenzen neuer Technologien für das Kundenmanagement. In R. Elste (Hrsg.), *Digitalisierung im vertrieb, Strategien zum Einsatz neuer Technologien in Vertriebsorganisationen* (S. 3–25). Springer Fachmedien Wiesbaden.

Grannemann, U., & Seele, H. (2016). *Führungsaufgabe Change, Eine Roadmap für Führungskräfte in Veränderungsprozessen*. Springer Gabler.

Grunwald, L. A. (2021). *Neuroleadership im Changemanagement, Erfolgsfaktoren zur Stressprävention und Mitarbeitermotivation*. Springer Fachmedien Wiesbaden GmbH.

Hartmann, M. (2021). *Change-Management in IT-getriebenen Veränderungsprozessen, Methodik zur Bewertung von Veränderungsfähigkeit und -bereitschaft der Akteure*. Springer Fachmedien Wiesbaden GmbH.

Meyer, B., & Glasl, F. (2011). *Konfliktregelung und Friedensstrategien*. Springer Fachmedien Wiesbaden GmbH.

Schallmo, D. R., & Lohse, J. (2020). *Digitalstrategien erfolgreich entwickeln, Grundlagen, Ansätze und Vorgehensweise*. Springer Fachmedien Wiesbaden GmbH.

Stolzenberg, K., & Heberle, K. (2021). *Change Management; Veränderungsprozesse erfolgreich gestalten – Mitarbeiter mobilisieren. Vision, Kommunikation, Beteiligung, Qualifizierung*. Springer-Verlag GmbH Deutschland.

Streich, R. K. (2016). *Fit for Leadership, Führungserfolg durch Führungspersönlichkeit*. Springer Fachmedien Wiesbaden.

6

Faktoren der Veränderung

Zusammenfassung An dieser Stelle wollen wir vom Wissen zur Praxis übergehen. Nach einer Veranschaulichung der Routine geht es um Emotion und Motivation, die beide für eine konkrete Veränderung von hoher Bedeutung sind. Im Anschluss werden Ihnen konkrete Übungen an die Hand gegeben, mithilfe derer Sie eigene Routinen etablieren und damit Ihr Mindset verändern können.

Ich selbst habe schon einmal (wirklich nur **einmal**) einen Triathlon in der Sprintdistanz absolviert. Wir waren damals als Familie auf einem Campingplatz mit einem älteren, aber gemütlichen Wohnmobil. Die Vorbereitung auf den Triathlon war etwas zu kurz gekommen, weil wir in den Monaten zuvor ein Haus gekauft haben und dort noch einiges zu tun war. Unsere jüngste Tochter war 9 Monate alt. Zeit zum Vorbereiten war also nicht viel.

Unser Stellplatz von den Wohnmobilen war direkt neben einem See, umrundet von einer schönen Berglandschaft. Gegenüber von uns campierte ein Triathlet ebenfalls mit Wohnmobil und frisch geborenem Baby. Der Unterschied zu mir bestand darin, dass er Profisportler war und den Ironman in Hawaii bereits gewonnen hatte. Während wir am

Frühstück saßen, bereitete er sich entsprechend vor und machte sich warm.

Er wusste ganz genau, was er tun muss, um bestens vorbereitet zu sein, wenn der Startschuss kommt. Er hat diesen Vorgang in seiner Profikarriere bereits mehrere Male durchgemacht. Er hatte sich eine Routine aufgebaut, die ihm dabei half, körperlich und geistig auf den Punkt genau all seine Leistung abzurufen.

Bei mir sah es ganz anders aus. Für mich war es der erste Wettkampf dieser Art und ich hatte keine Ahnung, wie sich ein Start in einem See mit Hunderten von Athleten anfühlt. Ich hatte zuvor immer nur im Schwimmbecken trainiert. Nach dem Start kam ich beim Schwimmen nicht in den richtigen Rhythmus, weil ich mich mehrfach durch den Wellengang, den die anderen Athleten erzeugt hatten, verschluckte. Zudem gab es Athleten, die mit einer solchen Brachialgewalt schwammen, dass sie keine Rücksicht auf andere Schwimmer nahmen und u. a. auch mich abdrängten.

Aus meiner Sicht war es sinnvoll, eine gepolsterte Fahrradhose anzuziehen, da diese auf dem Rad angenehmer zu tragen war. Was ich nicht bedacht hatte, war, dass diese Hosen mit Schaumstoff gepolstert sind. Ich hatte, um Zeit zu sparen, die Hose auch beim Schwimmen an, was sich seltsam anfühlte, weil die Hose sich mit Wasser vollgesaugt hatte. Dadurch war ich unbeweglicher und langsamer.

Als ich nun am Ufer ankam, fand ich mein Fahrrad einigermaßen schnell. Für mich war es das dritte Mal, dass ich mit Klickpedalen gefahren bin. Also war für mich Priorität Nr. 1: Nicht gleich auf den ersten Metern gewaltsam abzusteigen. Das Radfahrern hat im Vergleich zu meinem investierten Training gut funktioniert. Der Übergang zum Laufen war auch ok, der Wechsel mit den Schuhen funktionierte gut. Mit der gepolsterten Radhose zu laufen war ein besonderes „Erlebnis". Mein Ziel war es, den Triathlon erfolgreich zu beenden. Dieses Ziel habe ich erreicht.

Meine Lernerfolge im Vergleich zu denen eines Profisportlers waren vermutlich enorm. Klar ist der Vergleich zwischen einem Hobbytriathlet und einem Profisportler, der von den Preisgeldern und den Sponsoren leben kann, groß.

All die Probleme, mit denen ich bei dem Triathlon zu kämpfen hatte, hatte der Profiathlet nicht mehr. Denn er hat in seiner Karriere viele Dinge gelernt und umgesetzt. Er hat Routinen entwickelt, die ihm dabei halfen, erfolgreich zu sein. Er wusste: Wenn er als erstes ins Wasser geht, dann hat er einen ruhigen See vor sich. Er bestimmt das Tempo für alle anderen. Der Übergang von Wasser zu Land ist hundertfach, wenn nicht sogar tausendfach erlebt und durchdacht worden. Die Schuhe waren schon im Pedal eingeklickt und auf den ersten Metern machte er die Schuhe zu, ohne dabei Angst zu haben, vom Fahrrad zu fallen. Seine Routinen haben ihm die Sicherheit gegeben, dass er dies besser schaffen wird als alle anderen.

Der Triathlon war für mich in vielerlei Hinsicht eine Herausforderung. Ich habe mir zuvor auch nicht die Zeit genommen, alle drei Disziplinen nacheinander ohne Pause zu trainieren. Meine Einstellung war: *Irgendwie pack ich das*. Ich habe zuvor schon an mehreren 10 km-Läufen teilgenommen. In meiner Jugend war ich aktiver Schwimmer im Verein. Und für das Radfahren hat mich ein Sportler zweimal gecoacht. Das Gute für mich vor dem Wettkampf war: Ich wusste nicht, wie hart der Triathlon tatsächlich wird. Für mich war klar: Herausforderungen bestehen.

Hier gibt es Parallelen zwischen Topathleten und Entscheidern aus der Wirtschaft. Beide müssen auf den Punkt genau Leistung bringen, um siegreich zu sein. Ein Athlet kennt die Strecke, kennt die Herausforderung und weiß auch, in welchen Disziplinen sein Wettbewerb besser ist und wo er selbst die Konkurrenz abhängen wird. Es ist eine feine Abstimmung aus persönlicher Leistung, Routinen und Beurteilung. Das Ziel steht ihm klar vor Augen.

Übertragen auf eine Verkaufs- oder Verhandlungssituation könnte das so aussehen:

Sie sind perfekt vorbereitet. Sie kennen die Anforderungen des Kunden ganz genau. Sie haben sein Problem verstanden und wissen, welche Auswirkungen dies auf die Gesamtorganisation hat. Sie sind am Tag zuvor rechtzeitig ins Bett, haben gut geschlafen und sind am nächsten Morgen fit und wach. Sie freuen sich auf den Termin, weil Sie wissen, dass Sie alles getan haben, um erfolgreich zu sein. Wenn Sie nicht in Ihrer Heimatregion unterwegs sind, haben Sie sich in der lokalen Presse in aktuelle Themen eingelesen. Somit haben Sie, wenn nötig, Gesprächsthemen für Smalltalk.

Sie wissen ganz genau, wer am Tisch mit Ihnen verhandelt. Sie wissen, worauf jede Person Wert legt. Sie haben sich mit Ihren Kollegen abgestimmt, jeder kennt seine Rolle und kann in Teilen auch für den anderen einspringen. Ihre Kollegen und Sie funktionieren als Team kollegial und professionell. Sie wissen, wie Ihr Kollege reagiert, wenn er aus seiner Routine rausfällt und springen für ihn ein, bis er seine Routine wiedergefunden hat.

Genauso sind auch Routinen wichtig, wenn es um eine Verhandlung, ein Vorstellungsgespräch oder ein heikles Mitarbeitergespräch geht. Deshalb möchte ich noch auf Emotion und Motivation als mit Routine verknüpfte Themen eingehen, ehe es an Ihnen liegt, Ihre eigenen Routinen zu entwickeln.

6.1 Emotion

Es wurde deutlich, wie groß der Einfluss der eigenen Erwartung und der inneren Bilder auf den Körper ist (oben). Genauso haben auch Emotionen wie Ärger, Freude oder Glück eine körperliche Auswirkung, die aus unterschiedlichsten Erfahrungen resultieren. Mit einem geschulten Auge und einer Portion Empathie-Fähigkeit sehen Sie es Ihrem Gegenüber an, wie es ihm geht. Die unterschiedlichen Emotionen können auch bildlich dargestellt werden (Abb. 6.1).

6.1.1 Was ist eine Emotion?

Eine Emotion geht stets aus der Beurteilung einer Situation (Abschn. 2.3) hervor. Beurteilen Sie eine Situation als Gefahr, kann das Resultat z. B. die Emotion Angst sein. Emotionen als Resultat einer Beurteilung sind Teil der Reaktion und haben damit einen großen Einfluss auf unser Verhalten und unser Denken. Dies wird näher von der Emotionspsychologie erforscht. Je nach Emotionstheorie kann die Definition

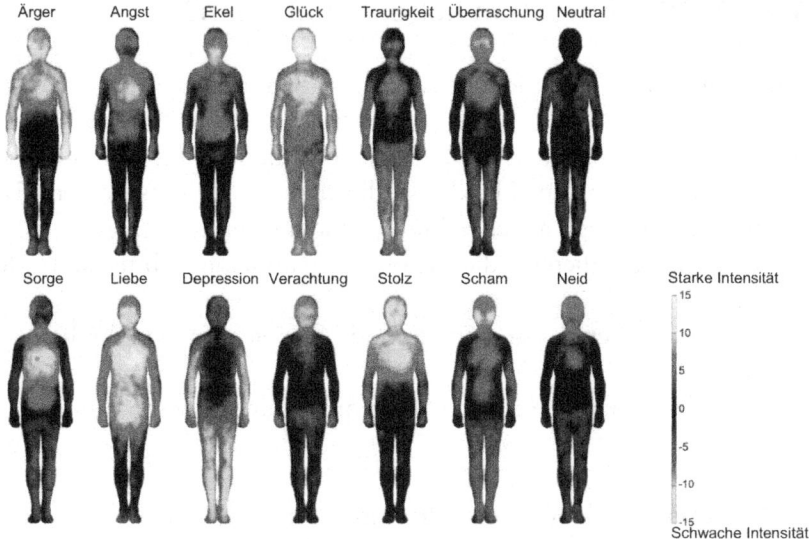

Abb. 6.1 Intensität der Emotionen (Nummenmaa et al., 2014, S. 646)

unterschiedlich ausfallen. Eine ungefähre Charakterisierung von Emotionen kann wie folgt aussehen (Schmithüsen, 2015, S. 83):

- Emotionen sind ein aktueller und damit zeitlich begrenzter Zustand einer Person. Sie sind weniger stabil als ein Persönlichkeitsmerkmal.
- Emotionen haben unterschiedliche Qualität, Intensität und Dauer, d. h., es gibt verschiedene Arten von Emotionen.
- Emotionen sind normalerweise auf ein Objekt gerichtet und stehen im Zusammenhang mit etwas.
- Erlebt eine Person einen emotionalen Zustand, hat dieser eine stark subjektive Komponente.
- Häufig hat die Emotion Einfluss auf das Verhalten.

Dabei werden die Emotionen in „angenehm – unangenehm" und „erregend – deaktivierend" eingeteilt (Birbaumer & Schmidt, 2010, S. 712).

6.1.2 Welche Aufgaben haben Emotionen?

Emotionen erfüllen vier wichtige Aufgaben (Schmithüsen, 2015, S. 84):

- Emotionen ermöglichen uns, in einer Situation das Verhalten zu steuern und sich für Handlungsalternativen zu entscheiden. Bei Angst z. B. ist es ggf. angebracht, die Flucht zu ergreifen.
- Emotionen regulieren die Ausdauer und die Intensität der Reaktionen.
- Emotionen helfen beim Lernen und Abspeichern von Verhaltensweisen.
- Emotionen signalisieren einem Gegenüber eine gewisse Handlungsbereitschaft.

Die Emotion ermöglicht die Reaktion und bereitet sie vor, aber Emotion ist nicht gleich Reaktion! Der Unterschied zwischen Angst und Furcht z. B. ist, dass Angst als eine ungerichtete Emotion auf eine subjektiv empfundene Gefahr beschrieben wird. Dahingegen ist die Furcht eine Reaktion mit Bewältigungsstrategie auf ein auslösendes Ereignis. Die Furcht hat meist einen konkreten Gegenstand und ist ein erlerntes Verhalten bzw. die erwartete Reaktion auf ein Ereignis. Die Angst hingegen ist nur schwer greifbar (Birbaumer & Schmidt, 2010, S. 723).

Der Zusammenhang zwischen Beurteilung, Emotion und Reaktion als logische Kette, wie sie das ABC-Modell darstellt (2.3.2), wurde in einem Experiment wie folgt nachgewiesen: Eine Versuchsperson sitzt an einer Lampe. Wenn die Lampe leuchtet, wird in den nächsten 15 s ein Stromschlag an die Versuchsperson abgegeben. Die Person weiß also, dass in den nächsten Sekunden mit einem leichten Schmerz zu rechnen ist. Daraufhin spannen sich die Muskeln an, in Erwartung auf den Stromschlag. Die Anspannung der Muskeln kann entsprechend gemessen werden. Wird dieser Versuch einige Male wiederholt, wird ein Verhalten „gelernt". Leuchtet nun die Lampe erneut, erwartet der Körper erneut den Stromimpuls. Daraufhin spannen sich die Muskeln entsprechend an. Wird den Versuchspersonen mitgeteilt, dass es keinen

Stromschlag mehr gibt, wenn die Lampe anfängt zu leuchten, zeigen 50 % der Experimentteilnehmer trotzdem noch körperliche Reaktionen auf den nicht mehr kommenden Schmerz (Birbaumer & Schmidt, 2010, S. 723).

6.1.3 Emotion und die Veränderung des Mindsets

Emotionen und die Sinnhaftigkeit sind für das Erlernen eines dynamischen Mindsets wichtig. Ist ein Lerninhalt emotional aufgeladen, dann lernt es sich viel leichter. Eine Person, die sich in jemanden verliebt, der eine andere Sprache spricht, kann die Sprache leichter lernen. Ein Legastheniker schreibt ein Buch, weil ihm das Thema unter den Nägeln brennt und persönlich herausfordert. Hier sind Sinn und Emotion gegeben.

Beim Lernen müssen wir das Gefühl haben, dass der Inhalt für unser Leben relevant und wichtig ist. Als emotional aufgeladen gilt, was uns bildlich gesprochen unter die Haut geht. Der Lerninhalt kann auch durch eine Person eine emotionale Aufladung bekommen – wir haben zu der Person, die den Inhalt vermittelt, eine emotionale Bindung bzw. wir sehen die Person als bedeutsam an (Hüther, 2016, S. 63).

Lernen ohne Sinn fällt schwer. Hatten Sie schon einmal die Möglichkeit, mit einem Kind zu lernen? Dann kennen Sie vielleicht die Diskussion beim Lernen zu Genüge: Warum soll ich das lernen, das ist langweilig und das brauche ich nicht!? Der Bedeutungshorizont für das Lernen von z. B. Englischvokabeln eines Viert- oder Fünftklässlers reicht nicht bis nach dem Studium. Spätestens dann ist das Beherrschen der englischen Sprache für die internationale Kommunikation in einer Firma oder für den Urlaub hilfreich. Sieht eine Person nicht den Sinn im Lernen, wird es schwer. Dann wird das Lernen, wenn es überhaupt passiert, nur aus Pflichtbewusstsein gemacht und nicht aus innerer Überzeugung. Es gibt keinen „Case of Urgency", keine Dringlichkeit für das Lernen.

Emotionen haben demnach die Kraft, uns zu motivieren und zu körperlicher Höchstleistung zu bringen. Auf der anderen Seite können Emotionen uns aber auch herunterziehen und dafür sorgen, dass wir uns schwach fühlen. Dadurch beeinflussen sie unser Sozialverhalten und unser Zusammenleben in der Gesellschaft. Und sie beeinflussen unsere Lernbereitschaft bzw. den -erfolg.

Positive Auswirkungen von Emotionen auf die kognitive Leistung.
Positive Bilder und Emotionen können auch Ihnen als Vertriebsexperten dabei helfen, sich zum Beispiel auf einen wichtigen Termin vorzubereiten. Denn positive Emotionen haben auch einen gewinnbringenden Einfluss auf die Denkleistung, etwa beim Lösen einer logischen Denkaufgabe (Wranke, 2009, S. 60).

Unser Gehirn funktioniert auf zwei getrennten kognitiven Systemen. Das erste System, das ältere, steuert schnelles, automatisches Verhalten. Dieses System arbeitet auf einer für uns nicht bewussten Ebene. Das abgerufene logische Denken stützt sich hier auf Erfahrungswerte und Vorwissen.

Das zweite System ist langsamer und verbraucht kognitive Ressourcen des Arbeitsgedächtnisses. Daher hat das zweite System begrenzte Kapazität. Durch die Verarbeitung von Emotionen, die in dieses System fallen, wird also schon ein Teil der Ressourcen verbraucht, welche nicht für andere Aufgaben genutzt werden können (Wranke, 2009, S. 169). Dadurch hat das System in diesem Moment entsprechend weniger Leistung, weshalb es passieren kann, dass das erste System die Verarbeitung der Emotionen übernimmt. Da dieses aber primär auf Vergangenheitswerte angewiesen ist, können hier falsche Schlussfolgerungen entstehen.

Aufgrund dieses Zusammenhangs können Emotionen auch einen störenden Einfluss auf unser Denken haben. Deshalb ist es wichtig, Aufgaben mit einer positiven Grundstimmung zu begegnen. Werden zum Beispiel Vokabeln bei einer bestimmten Stimmung gelernt, bildet sich eine Verbindung zwischen den gelernten Wörtern und der empfundenen Stimmung. Beim Abfragen der Vokabeln rücken die Empfindungen beim Lernen wieder in den Vordergrund.

Negative Auswirkungen von Emotionen auf die kognitive Leistung.
Emotionen können sich aber auch leistungsmindernd auswirken. Angst zum Beispiel kann die Arbeit des Gehirns negativ beeinflussen.

Wenn jemand vor etwas Angst hat, kann diese Person nicht mehr vollumfänglich auf ihre kognitiven Leistungen zurückgreifen. Zudem gibt es körperliche Reaktionen wie z. B. eine erhöhte Pulsfrequenz (Wranke, 2009, S. 38). Weiter hat Angst zur Folge, dass für eine Aufgabe ein höherer Zeitaufwand notwendig ist. Die Angst „belegt" also einen gewissen Teil der kognitiven Leistungsfähigkeit, die dann wiederum nicht in das Bearbeiten der Angelegenheit gesteckt werden kann.

Auch Stimmungen wie zum Beispiel eine negative Laune aufgrund des Regenwetters haben direkten Einfluss auf Entscheidungen. In solchen Fällen beurteilen wir tendenziell verneinend.

Ein positives Lernklima für Veränderung schaffen.
Für eine Einzelperson ist es aus diesen Gründen wichtig, den Sinn der Veränderung zu erkennen. Emotionen können dabei helfen, den Lerninhalt besser zu verankern. Lernen hat immer etwas mit dem „Case of Urgency" zu tun. Erst wenn die Notwendigkeit dafür erkannt worden ist und die Mitarbeiter den Sinn einer Aufgabe verstehen, kann Lernen und damit der Change stattfinden. In einer Firma kann dies bedeuten, dass ein positives Lernumfeld eine gute Voraussetzung für ein Gespräch ist. Es stellt einen entscheidenden Faktor bei der Herausbildung eines neuen (Vertriebs-)Mindsets dar.

Dabei verhält es sich mit den Emotionen ähnlich wie mit den inneren Bildern: Wenn Sie sich bewusst werden, dass es sie gibt, können Sie sie auch aktiv steuern. Die Beurteilung der inneren Bilder und Emotionen gehört Ihnen. Sie sind die Gestalter Ihrer eigenen Realität.

6.2 Motivation

Egal ob als Leistungssportler, Angestellter, Führungskraft oder Unternehmer – Motivation spielt eine zentrale Rolle. Sie ist für eine Einzelperson ebenso wichtig wie für eine Gesamtorganisation. Vor allem im Hinblick auf Change-Prozesse ist sie eine wichtige Stellschraube für ein dynamisches Mindset.

Sind wir voller Elan, voller Energie, dann stellen wir selten die Frage nach der (fehlenden) Motivation. Diese kann zudem eine sehr heikle

Frage sein. Warum machen wir das, was wir tun? Was ist unser innerer Antrieb für eine gewisse Leistung, eine bestimmte Tätigkeit oder eine gewisse Funktion? Was treibt uns an, unsere Ziele zu erreichen?

Beispiel: Sie haben einen wichtigen Auftrag verloren und es stellt sich zwangsläufig die Frage: Warum?! Ihr Vorgesetzter hat großes Interesse daran, eine Antwort auf diese Frage zu bekommen. Sie können nun sagen, dass Sie keinen Einfluss auf die Faktoren des Erfolgs haben und ohne Handlungsmöglichkeiten vor dem Problem stehen. Ihre Motivation wird dadurch abnehmen oder gar ganz ausbleiben. Ihre Antwort kann aber auch Aufschluss darüber geben, was beim nächsten Mal verändert werden muss, um erfolgreicher zu sein. Dadurch bauen sie gleichzeitig Motivation auf.

Motivation spielt eine zentrale Rolle in unserem Berufs- und Arbeitsleben und ist ein entscheidender Faktor unseres Mindsets.

6.2.1 Motivationsarten

Je nach Person und Situation kann es unterschiedliche Motive geben, die die Motivation von Menschen bestimmen. Unter Persönlichkeitsmotiven versteht man z. B. die Werte, Bedürfnisse oder Überzeugungen einer Person. Im Wesentlichen gibt es drei unterschiedliche Arten von persönlichen Motiven (Gottschall et al., 2021, S. 6):

1. *Leistungsmotiv* → Ich will durch gute Leistungen andere und mich selbst überzeugen.
2. *Anschlussmotiv* → Ich möchte anerkannt werden und gehe daher sowohl beruflichen als auch privaten Konflikten aus dem Weg.
3. *Machtmotiv* → Ich möchte Einfluss auf andere Personen und wichtige Entscheidungen haben und übernehme daher gern persönliche und geschäftliche Verantwortung.

Neben den persönlichen Motiven kann es auch situative Motive geben, die Einfluss auf die Motivation haben. Wenn auch die motiviertesten Mitarbeiter keine Motivation mehr haben, ihre volle Leistung zu bringen, kann es an schlechten Rahmenbedingungen wie z. B. Arbeitsklima, Arbeitspensum, Konflikte etc. liegen. Ein weiterer Punkt können komplizierte und lange Prozesse bei Arbeitsabläufen sein, dass eine Person sich nicht mehr richtig engagieren möchte. Die Rahmenbedingungen sind für alle Personen in einem Unternehmen gleich, wirken jedoch auf den Einzelnen unterschiedlich. Die eine Person motiviert es, wenn ein Fehler im Prozess auftritt, weil sie das Beheben dieses Fehlers als ihre Aufgabe sieht. Eine andere Person demotiviert dies, da sie ihre eigentliche Arbeit zunächst nicht fortsetzen kann. Motivation entsteht also immer in der Kombination aus persönlichen und situativen Motiven.

Motivation hat unterschiedlichste Auswirkungen auf das Verhalten von Menschen. Der Grad der Motivation lässt sich dabei nur sehr schwer messen. Vielmehr lässt sich ihre Wirkung auf das Verhalten feststellen. Hierbei werden vier Aspekte unterschieden: Verhaltensinitiierung, Verhaltensausrichtung, Verhaltensintensität, Verhaltensdauer (Tab. 6.1).

Die Verhaltensänderung zeigt sich in der erbrachten Leistung einer Person. Wie in Abb. 6.2 beschrieben, kommt es nach einem gezeigten Verhalten zu einer resultierenden Leistung, und am Ende kann die Ursachenzuschreibung folgen. Die Person stellt sich dann die Frage: Hat mein geändertes Verhalten zu einer besseren Leistung geführt?

Bewertet der Mensch, welcher die Leistung erbracht hat, das Ergebnis für gut, hat dies einen Einfluss auf die zukünftige Motivation. Die Person wird ihr gezeigtes Verhalten als vorteilhaft bewerten und sich darum bemühen, es zur Gewohnheit werden zu lassen (Gottschall et al., 2021, S. 8).

6.2.2 Mentales Training

Unter mentalem Training versteht man ein Trainingsverfahren im Rahmen des sportpsychologischen Trainings. Dabei geht es darum, sich einen Bewegungsablauf bildlich vorzustellen, ohne diesen motorisch tatsächlich auszuführen (Baumann, 2015, S. 76). Es geht um das Lernen von Bewegungsabläufen, Präzisieren des Erlernten und Stabilisieren. Solche Verfahren führen zu Lern- und Leistungsoptimierung im

Tab. 6.1 Beispiele und Erläuterungen für Verhaltensinitiierung, Verhaltensausrichtung, Verhaltensintensität und Verhaltensdauer

Verhaltensaspekt	Erklärung	Beispiel
1. Verhaltensinitiierung	Beginnt die Person ein neues Verhalten zu zeigen? Falls ja, wann?	Ein Verkäufer bereitet sich auf einen wichtigen Termin eine Woche früher vor als seine Kollegen Ein Geschäftsführer beginnt mit der Vorbereitung auf das Jahresgespräch beim eigenen Vorstand neuerdings einen Monat vor dem Termin
2. Verhaltensausrichtung	Welches Verhalten wird gezeigt?	Ein Verkäufer nutzt seine Vorbereitungszeit auf einen wichtigen Termin mit der Recherche auf Social Media über die Teilnehmer, während sich ein anderer Verkäufer bei der Vorbereitung auf die Erklärung der Produkte konzentriert Der Geschäftsführer hat sich entschieden, einen persönlichen Coach zu engagieren
3. Verhaltensintensität	Wie stark zeigt die Person das Verhalten?	Ein Verkäufer macht vier Kundentermine pro Tag, der andere Verkäufer fünf Ein Vertriebsleiter nimmt sich eine einwöchige Auszeit, um die Vertriebsstrategie zu überarbeiten
4. Verhaltensdauer	Wie lange zeigt die Person das Verhalten? Wann wird das Verhalten eingestellt?	Ein Verkäufer macht extra zwei Überstunden, um sich auf einen Termin vorzubereiten Der Geschäftsführer stellt fest, dass er mit einem Kommunikationsstil bei einer Person nicht weiterkommt. Deshalb versucht er über einen anderen Stil zu kommunizieren, um optimal auf die Person einzugehen

Eigene Darstellung in Anlehnung an (Gottschall et al., 2021, S. 7)

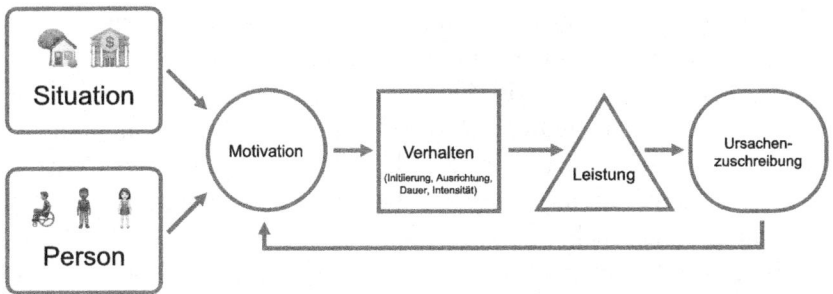

Abb. 6.2 Motivationsmodell: Ursache und Wirkung von Motivation. In Anlehnung an: (Gottschall et al., 2021, S. 7)

Spitzensport. Durch das gezielte Vorstellen der Bewegungsabläufe verinnerlicht man diese auf eine zusätzliche Art und Weise. Diese Technik wird unterstützend zum normalen Training angewendet (Mayer & Hermann, 2015, S. 8).

Ziel des mentalen Trainings im sportlichen Kontext ist es, sich vor sehr stressigen Wettkampfsituationen zu fokussieren, um seine Leistung auf höchstem Niveau abrufen zu können. Je nach Situation nehmen Sportler eine Wettkampfsituation als sehr stressig war. Medien, die eigene Erwartung, Konsequenzen, Zuschauer, Social Media lenken den Sportler von Wettkampf ab. Gedanken wie: „Was passiert, wenn ich versage?" bringen den Fokus des Sportlers aus dem Ruder. Dadurch sinkt die Leistungsfähigkeit des Sportlers (Mayer & Hermann, 2015, S. 10).

Denken Sie, es ist möglich, allein durch die Vorstellungskraft Muskeln aufzubauen? Oder dass es möglich ist, bei Knochenbruch allein durch die Vorstellungskraft dafür zu sorgen, dass die Muskeln nicht so schnell abbauen? Dieser Nachweis ist einer Forschergruppe des Ohio Musculoskeletal and Neurological Institute gelungen (Clark et al., 2014, S. 3223–3224).

Ist ein Arm gebrochen, dauert es lange, bis dieser wieder voll funktionsfähig ist. Durch das Tragen von Gips oder Schiene ist die körperliche Bewegung eingeschränkt. Je nachdem, ob man Schmerzen hat, wird der Arm geschont (Schonhaltung). Die Muskeln werden nicht mehr genutzt und so beansprucht wie zuvor. Dadurch bilden sie sich zurück. Dieser Muskelabbau kann zum Problem werden.

Eine Forschergruppe aus Ohio untersuchte, inwieweit sich der Muskelabbau durch gezielte Vorstellung von Aktivitäten reduziert oder verstärkt werden kann. Alle Teilnehmer trugen über vier Wochen eine Handgelenksschiene. Dabei sollte simuliert werden, wie sich z. B. ein Handgelenksbruch auf den Muskelabbau auswirkt. Es gab drei Gruppen, welche an dem Experiment teilgenommen haben, welches über vier Wochen angedauert hat:

- Gruppe 1: Handgelenksschiene
- Gruppe 2: Handgelenksschiene + mentales Vorstellen
- Gruppe 3: Kontrollgruppe

Gruppe 2 hat fünfmal in der Woche mental trainiert. In dem Training haben sich die Teilnehmer in einem Ruheraum 52-mal mental vorgestellt, wie sie ihr Handgelenk maximal anspannen. Die erste Gruppe bekam ebenfalls die Einschränkung durch eine Armschiene. Allerdings musste diese Gruppe nichts machen, außer die Schiene zu tragen. Körperlich hatten diese Teilnehmer die gleichen Voraussetzungen wie die erste Gruppe. Die dritte Gruppe diente als Kontrollgruppe. Diese Gruppe hat keine der Aktivitäten der anderen Gruppe ausgeführt.

Nach vier Wochen wurden die drei Gruppen verglichen. In erster Linie ging es darum nachzuweisen, inwieweit der Muskelabbau stattgefunden hat. Bei den Teilnehmern in Gruppe 2, welche das mentale Training absolviert hatten, lag der Muskelabbau bei ca. 24 %. Bei den Testpersonen von Gruppe 1, welche kein mentales Trainingsprogramm durchlaufen hatten, kam es zu einem Muskelverlust von circa 40 %. Bei der Kontrollgruppe gab es keine Veränderung. Bei der zweiten Gruppe mit dem Mentaltraining kam zudem die Muskelspannung schneller zurück als im Vergleich zur ersten Gruppe.

Das Beispiel zeigt die hohe Bedeutung unserer mentalen Ausrichtung, also unserer (intrinsischen) Motivation auf. Um die Veränderung hin zu einem dynamischen Mindset für sich persönlich und auch für eine größere Gruppe oder ein gesamtes Unternehmen zu vollziehen, braucht es die Einstellung, dass dies als sehr erstrebenswert gilt. Wenn Sie an dieser Stelle konkret werden möchten, können Sie nun mit den Übungen beginnen!

6.3 Konkrete Umsetzung der eigenen Notfallroutine

Die nachfolgenden Punkte können Ihnen dabei helfen, in persönlichen Stresssituationen souveräner zu reagieren. Es geht darum, an den Punkten zu arbeiten, an denen Sie gerade stehen. Sie müssen nicht alle neun Punkte abarbeiten. Passt eine Fragestellung oder Übung nicht, dann lassen Sie diese weg.

1. Analysieren Sie Situationen, in denen Sie sich unwohl gefühlt haben (Abschn. 2.3.1). Hierzu gibt es Analysefragen in Abschn. 7.1.
2. Machen Sie sich die Situation und Ihre Reaktion in dieser Situation bewusst (Abschn. 2.3.2). Um Ihre Reaktion genauer zu analysieren, können die Fragen in Abschn. 7.2 unterstützen.
3. Üben Sie die Umdeutung ihrer Wahrnehmung als Bedrohung in eine als Herausforderung ein (Abschn. 2.3.3). Hierzu gibt es in Abschn. 7.3 weitere Informationen.
4. Üben Sie, ein positives inneres Bild auf Abruf zu erzeugen, um das Stresslevel zu senken (Abschn. 2.4). Die Fragen in Abschn. 7.4 helfen Ihnen, diese Situation so genau wie möglich zu beschreiben.
5. Die Analyse der Selbstgespräche kann dabei helfen, negative Inhalte aufzuzeigen (Abschn. 3.2.1.3). Die Analysefragen in Abschn. 7.5 dienen als Leitfaden.
6. Die Erstellung einer persönlichen Skillsliste gibt Ihnen Handlungsspielraum in kritischen Situationen (Abschn. 3.3). Hierzu geht es in Abschn. 7.6 weiter.
7. Erstellen Sie Ihr eigenes Ergebnis- und Fortschrittsziel (Abschn. 4.2.1). Hierzu gibt es eine Übung in Abschn. 7.7.

8. Durch das Erkennen der Gefühle und der körperlichen Reaktion in einer Stresssituation können Sie bewusst gegensteuern, wenn es stressig wird (Abschn. 3.3.1.2). Hierzu dient die Übung in Abschn. 7.8.
9. Durch das Erarbeiten Ihres persönlichen Frühwarnsystems erkennen Sie persönliche Stresssituationen früher (Abschn. 3.3.2). Dazu helfen die Analysefragen in Abschn. 7.9.

Die genannten Übungen werden in Kap. 7 genauer erläutert. Ziel dieser Übungen ist es, dass Sie schneller wahrnehmen, wenn Sie von einem dynamischen in ein statisches Mindset geraten. Und übergeordnet steht natürlich das Ziel, dass Sie sich wohler fühlen und dadurch Ihren Vertriebsjob erfolgreicher zu betreiben…

Literatur

Baumann, S. (2015). *Psychologie im Sport*. Meyer & Meyer Verlag.
Birbaumer, N., & Schmidt, R. (2010). *Biologische Psychologie*. Springer Medizin Verlag.
Clark, B. C., Mahato, N., Nakazawa, M., Law, T., & Thomas , J. (2014). The power of the mind: The cortex as a critical determinant of muscle strength/weakness. *Journal of Neurophysiology*, 3219–3226.
Gottschall, V., Kappes, S., & Dickhäuser, O. (2021). *Sportler*innen motivieren Gedanken verändern – Leistung steigern*. Springer Fachmedien Wiesbaden GmbH.
Hüther, G. (2016). *Mit Freude lernen – Ein Leben lang Weshalb wir ein neues Verständnis vom Lernen brauchen*. Vandenhoeck & Ruprecht.
Mayer, H., & Hermann, H.-D. (2015). *Mentales Training Grundlagen und Anwendung in Sport, Rehabilitation, Arbeit und Wirtschaft*. Springer-Verlag.
Nummenmaa, L., Glerean, E., Hari, R., & Hietanen, J. K. (14. 01. 2014). Bodily maps of emotions. *Proceedings of the National Academy of Sciences o the Ilniten States of Amerir, 111*(2), 646–651.
Schmithüsen, F. (2015). *Lernskript Psychologie, Die Grundlagenfächer kompakt*. Springer-Verlag.
Wranke, C. (2009). *Der Einfluss von Emotionen auf das logische Denken, Inaugural-Dissertation zur Erlangung des akademischen Grades Doctor rerum naturalium (Dr. rer. nat.)*. Gießen

7
Jetzt sind Sie dran!

Zusammenfassung Dieses Kapitel enthält die Übungen, auf die bereits im Text verwiesen wurde.

Dieses ist zwar das letzte Kapitel des Buchs, aber zugleich auch der Anfang! Wie im Sport ist der größte Teil von Spitzenleistungen kontinuierliches Üben und Trainieren über Wochen, Monate oder gar Jahre hinweg. Sie haben in dem Buch viel theoretisches Wissen über das Mindset, Gedanken, innere Bilder und deren Einfluss auf Emotion, Motivation und den Körper gehört. Wissen ist der Grundstein, die Bodenplatte. Allerdings ist dies nur ein Schritt, der erste Schritt für eine Veränderung.

Je nachdem, in welcher Situation Sie sich befinden, sind Übungen passend oder weniger passend für Sie. Sie entscheiden, welche Übung Sie machen möchten.

Abb. 7.1 zeigt grafisch dargestellt die beispielhafte Ausprägung eines individuellen Mindsets.

Das Mindset kann in den jeweiligen Bereichen unterschiedlich ausgeprägt sein. Im Beispiel besteht im Bereich des Denkens ein ausgeprägtes dynamisches Mindset. Das Wissen und Verstehen sind da. Die Berei-

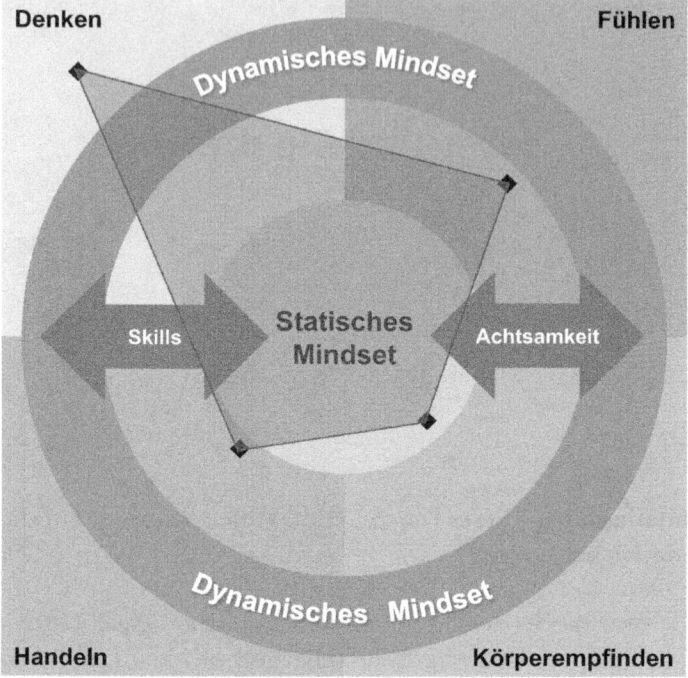

Abb. 7.1 Beispielhafte Ausprägung des dynamischen Mindsets

che Handeln und Körperempfinden werden mit der Zeit nachrücken. Je nach Lebenssituation kann die Ausprägung unterschiedlich sein. Die nachfolgenden Übungen geben Ihnen die Möglichkeit, sich in einem der vier Bereiche weiterzuentwickeln. Abb. 7.2 zeigt die Zuordnung der Übungen zu den einzelnen Bereichen.

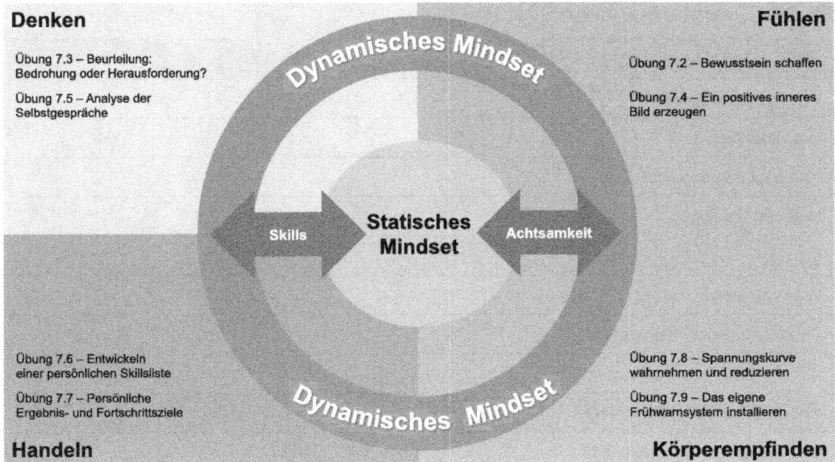

Abb. 7.2 Die Veränderung des Mindsets

7.1 Situationsanalyse

In Abschn. 2.3.1 (Erkennen, analysieren und dann verändern) ging es um Verhaltensweisen, die Sie an anderen Personen stört. Sie haben sich dann über diese Person geärgert:

- So kann man das doch nicht machen.
- Der lässt mich nie ausreden.
- Der weiß immer alles besser.
- Wenn der nur den Mund aufmacht, nervt er mich schon.
- Wenn es nicht nach seinem Kopf geht, dann gibt er mir ein schlechtes Gefühl.

Die Liste lässt sich beliebig fortführen und erweitern. Mit gezieltem Hinterfragen können Sie ggf. Gemeinsamkeiten oder ein Muster erkennen, siehe Tab. 7.1.

Tab. 7.1 Situationsanalyse

Zeit und Ort:	
Was genau ist passiert?	
Wo ist es passiert?	
Wann ist es passiert?	
Wer war beteiligt?	
Was:	
Was war knapp davor?	
Was wäre als nächstes passiert?	
Welche Eskalation wäre gefolgt?	
Begleiterscheinungen:	
Was war besonders auffällig?	
Welche Rahmenbedingungen waren auffällig?	
Welche intensiven Gefühle waren vorhanden?	
Welche körperlichen Reaktionen waren davor, währenddessen und danach zu empfinden?	
Was:	
Welche Konsequenzen ergeben sich daraus?	
Welche Gedanken hatte dies zur Folge?	
Welche Gefühle hatte dies zur Folge?	
Welche Körperreaktionen hatte dies zur Folge?	
Wie haben andere darauf reagiert?	
Welche Konsequenz ergab sich für andere Personen?	

7.2 Bewusstsein schaffen

In Abschn. 2.3.2 (Bewusstsein schaffen: Das ABC-Modell nach Ellis) geht es um die Analyse einer bestimmten Reaktion von Ihnen. Jemand hat etwas gesagt und Sie haben sich geärgert oder sich zu einer emoti-

Tab. 7.2 Bewusstsein schaffen

A	**Aktivierendes Ereignis** Was war das auslösende Ereignis? Was wurde gesagt? Wer hat es gesagt? Gab es eine ähnliche Situation schon einmal?	**Konkretisierung:** Person, Satz, Gedanke … Inhalt, Sache, Apell … Kollege, Vorgesetzer, Mitarbeiter, Fremder, Freund … Setting, Ort, Konstellation …
B	**Beurteilung** Wie interpretieren Sie die Situation? Welche Annahme liegt zugrunde? Welche Erwartung haben Sie? Gibt es eine alternative Deutung?	**Konkretisierung:** positiv, negativ, Angriff, Verlust, Rechtfertigung, Triumph … Wertschätzung, Feindseligkeit, Streit, Kooperation … An die Person, die Kollegen, Freunde, Bekannte, Teilnehmer, Beteiligte … Freundlicher Ratschlag, Hinweis, ehrliche Frage, Bitte, Versuch …
C	**Konsequenz** Welche Emotionen nehmen Sie wahr? Wie verhalten Sie sich? Welche körperlichen Reaktionen gibt es Ihrerseits? Wie möchten Sie zukünftig reagieren?	**Konkretisierung:** Ärger, Verachtung, Freude, Frust, Hilflosigkeit … Rückzug, Verteidigung, Angriff, Kooperation, Geduld … Schwitzige Hände, heißer Kopf, kalte Hände, Körperspannung … Beschreiben Sie so konkret wie möglich Ihr Zielverhalten

onalen Reaktion hinreißen lassen. Wenn die Fragen der Situationsanalyse aus Tab. 7.2 auf sich selbst angewandt werden, wird Bewusstsein geschaffen.

7.3 Beurteilung: Bedrohung oder Herausforderung?

In Abschn. 2.3.3 (Die Beurteilung macht den Unterschied) geht es um die Beurteilung einer Situation, ob diese herausfordernd oder bedrohend auf Sie wirkt. Wie in Tab. 2.1 (Ob ich eine Situation als

Tab. 7.3 Bedrohung oder Herausforderung?

	Bedrohung	Herausforderung
Anforderung		
Wie Sie sich selbst wahmehmen		
Perspektive		

Bedrohung oder Chance sehe, hängt von meiner Beurteilung ab) dargestellt, kann die gleiche Situation unterschiedlich beurteilt werden. Eine Beurteilung wird durch zahlreiche Faktoren beeinflusst.

Wenn Sie an eine Situation denken, die auf Sie bedrohlich gewirkt hat, haben Sie vermutlich aus dem statischen Mindset heraus reagiert. Bei der Umdeutung der Situation als Herausforderung ergeben sich ganz neue Möglichkeiten. Tragen Sie in die Tabelle zunächst Ihre gewöhnliche Beurteilung ein, bei der Sie eine Bedrohung empfinden. Überlegen Sie sich dann, wie Sie dieselben Punkte als Herausforderung für sich wahrnehmen können, siehe Tab. 7.3:

7.4 Ein positives inneres Bild erzeugen

In Abschn. 2.4 (Neue innere Bilder erzeugen eine andere Haltung) geht es um die Erzeugung innerer Bilder, die Sie abrufen können, wenn Sie z. B. vor einem schwierigen Termin stehen. Diese Bilder können weiterhelfen, dass Sie sich neu fokussieren.

Rufen Sie sich eine Situation ins Gedächtnis, bei der Sie sich absolut sicher und geborgen gefühlt haben. Das kann eine Situation mit Freunden, Mann, Frau, Kinder, in der Natur, im Urlaub, ein Erfolgserlebnis … sein. Wichtig dabei ist, dass diese Situation der Inbegriff für Sicherheit und Souveränität ist.

Tab. 7.4 Beschreibung einer positiven Situation

Genaue Beschreibung der positiven Situation	
Wo war das positive Ereignis?	
Waren Sie allein? Wer war dabei?	
Was waren die Rahmenbedingungen (Wetter, Temperatur, Tageszeit, Licht, Landschaft ...)?	
Wie kam es zu der Situation?	
Welche Emotionen haben Sie wahrgenommen?	
Was haben Sie gemacht?	
Warum ist dieses Ereignis so wichtig für Sie?	
Wie sieht das Bild aus, wenn Sie es sich mit geschlossenen Augen vorstellen?	

Wenn Sie also in einer Situation sind, die Sie als Bedrohung wahrnehmen, kann Ihnen das Abrufen dieser „guten" Situation helfen, indem sich Ihr Fokus, Ihre Körperhaltung und Ihr Stresslevel verändern. Die Wahrscheinlichkeit, dass dieses „instant"-Bild Ihnen helfen kann, ist hoch. Je öfter Sie dieses Bild in einer normalen Umgebung üben, umso besser können Sie es anwenden, wenn es ernst wird, siehe Tab. 7.4.

7.5 Analyse der Selbstgespräche

In Abschn. 3.2.1.3 (Selbstgespräche: Wie wir über uns reden) geht es um die Selbstgespräche. Was ist der Inhalt der Gespräche, die Sie mit sich selbst ausmachen? Gibt es wiederkehrende Themen? Würden Sie diese Dinge Ihrem besten Freund/Ihrer besten Freundin ebenfalls sagen?

Das Hinterfragen der eigenen Gedanken kann Aufschluss über Ihre innere Haltung geben. Dabei kann Ihnen Tab. 7.5 helfen.

Tab. 7.5 Analyse der Selbstgespräche

Genaue Beschreibung des Selbstgespräches:	
Worum geht es in Ihren Selbstgesprächen?	
An welchem Ort war dies?	
Was waren die Rahmenbedingen?	
Was war das Thema?	
Welche Gefühle haben Sie empfunden?	
Gab es körperliche Reaktionen?	
Fühlen Sie sich dadurch besser?	
Wie können Sie das Gespräch beeinflussen?	
Wie könnte dieses Gespräch positiv umgedeutet werden?	

7.6 Entwickeln einer persönlichen Skillsliste

In Kapitel Abschn. 3.3 geht es um Skills, also erlernte Verhaltensweisen. Je nach persönlichem Zugang zu den Skills und je nach Situation können hier die Lösungsansätze unterschiedlich aussehen. In Abb. 3.6: Mögliche Skills-Zugangskanäle mit eigenen Ergänzungen in Anlehnung an (Sendera & Sendera, 2016, S. 104–107) geht es darum, dass Sie ihre individuellen Skills in Tab. 7.6 eintragen:

Ggf. kann es Sie unterstützen, wenn Sie eine konkrete Situation vorbereiten, wo Sie wissen, dass Sie schwierig ist. Siehe Tab. 7.7.

Tab. 7.6 Skills-Zugangskanäle

Skills Zugangskanäle			
handlungsbezogene (*behaviorale*)	gedankenbezogene (*kognitive*)	sinnesbezogene (*sensorische*)	körperbezogene (*physiologische*)

Erarbeitung der eigenen Skills-Zugangskanäle in Anlehnung an (Sendera & Sendera, 2016, S. 104–107

Tab. 7.7 Skills und Routinen entwickeln

Situation/Anpassung/Herausforderung	Fertigkeit (Skills)/Routine

7.7 Persönliche Ergebnis- und Fortschrittsziele

In Abschn. 4.2.1 (Ergebnis- und Fortschrittsziel) geht es um die Unterscheidung dieser beiden Ziele. Klar formulierte Ziele sind eine gute Möglichkeit, um sich zu fokussieren. Streben Sie es an, ein dynamisches Mindset zu etablieren, helfen Fortschrittsziele. Ein solches ist ein Ziel ohne konkretes Enddatum. Es begleitet Sie über eine gewisse Phase Ihres Lebens oder Ihrer Karriere. Sie definieren das Ende bzw. ein neues Fortschrittsziel, Beispiel siehe Tab. 7.8.

Ihre eigenen Ziele können Sie in Tab. 7.9 eintragen.

7.8 Spannungskurve wahrnehmen und reduzieren

In Abschn. 3.3.1.2 (Die eigene Spannungskurve wahrnehmen und reduzieren) geht es um die eigene Stressbeurteilung anhand der Spannungskurve. Ziel dieser Übung ist es, die drei unterschiedlichen Bereiche genauer zu beleuchten. Daraus abgeleitet können Sie dann iden-

Tab. 7.8 Beispiel Fortschrittsziel und Ergebnisziel

Fortschrittsziel	Ergebnisziel
Gute Führungskraft sein	Eigenen Coach suchen für das Thema Mitarbeiterführung → *beendet in Q4 dieses Jahr* Weiterbildung im Bereich Mitarbeiterentwicklung → *beendet in Q1 Folgejahr* Suche eines Mentors, der mich zu Karrierefragen unterstützen kann → *beendet in Q2 Folgejahr*
Gesunder und fitter Lebensstil	Einmal in der Woche 45 min laufen gehen Kochkurs über gesunde Ernährung gemeinsam mit der Familie machen → *Q3 dieses Jahr* Ein Tag im Monat fasten Jährliche Checkups beim Arzt inkl. Vorsorgeuntersuchungen

Tab. 7.9 Übung Fortschrittsziel und Ergebnisziel

Wegeziel	Ergebnisziel
	↕ 1 cm

tifizieren, wenn Sie z. B. von der grünen Zone in die orangene Zone gehen. In Abb. 7.3 wurden beispielhaft die Gefühle und körperlichen Reaktionen dargestellt.

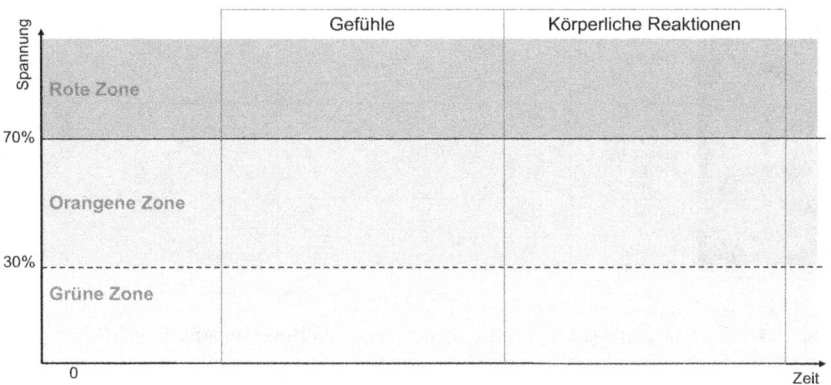

Abb. 7.3 Erstellen der eigenen Liste mit Gefühlen und körperlichen Reaktionen in den drei unterschiedlichen Stresslevel in Anlehnung an (Bohus & Wolf-Arehult, 2021, S. 65).

In der Abb. 7.3 haben Sie die Möglichkeit, Ihre Inhalte einzutragen. Ziel dahinter ist die Schulung Ihrer Selbstwahrnehmung. Dadurch erkennen Sie früher, in welcher „Stresszone" Sie sich befinden.

7.9 Das eigene Frühwarnsystem installieren

In Abschn. 3.3.2 (Frühwarnsystem) geht es um die Fähigkeit, nach einer Ablenkung zurück zum Fokus zu gelangen. Hier geht es hauptsächlich um die Wahrnehmung in den drei unterschiedlichen Stadien. In Abb. 7.4 und 7.5 geht es um die gleichen körperlichen Wahrnehmungen mit unterschiedlichem innerem Dialog.

Versuchen Sie so konkret wie möglich Ihre körperlichen Reaktionen zu beschreiben. Dies kann Ihnen dabei helfen, früher zu erkennen, wenn Sie sich in einer für Sie stressigen Situation befinden. Das Erkennen allein reicht oftmals schon aus, um dann die Situation neu zu beurteilen: Weg von der Bedrohung hin zur Herausforderung.

Herausforderung – Dynamisches Mindset

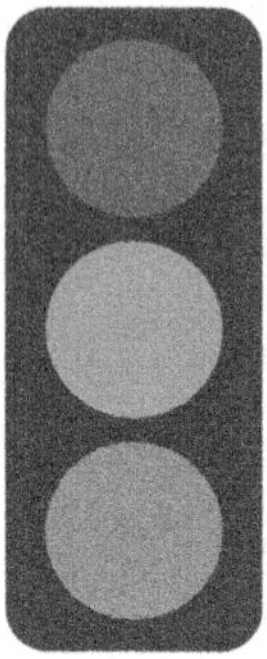

	Bewertung	Innerer Dialog / Routinen Herausforderung	Mögliche körperliche Reaktionen
	Gefahr!		
	Irgendwas stimmt hier nicht.		
	Alles in Ordnung		

Abb. 7.4 Eigene Übung Merkmale einer persönlichen Herausforderung

Bedrohung – Statisches Mindset		
Bewertung	Innerer Dialog / Routinen Bedrohung	Mögliche körperliche Reaktionen
Gefahr!		
Irgendwas stimmt hier nicht.		
Alles in Ordnung		

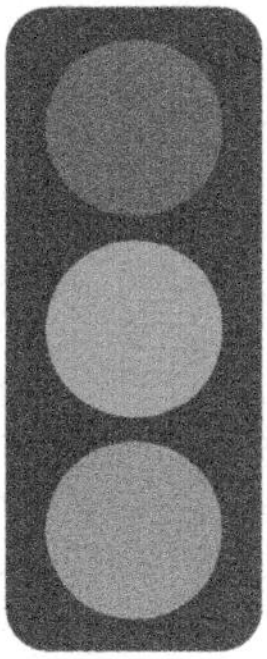

Abb. 7.5 Eigene Übung Merkmale einer persönlichen Bedrohung

Literatur

Bohus, M., & Wolf-Arehult, M. (2021). *Interaktives Skillstraining für Borderline-Patienten, Das Therapeutenmanual.* Göttingen: Schattauer

Covey, S. R. (2014). *Umsetzung, Essentials für die Unternehmensführung.* Offenbach: GABAL Verlag GmbH.

Eberspächer, H. (2011). *Gut sein, wenn's drauf ankommt, von Top-Leistern lernen.* Hanser.

Metzger, P. (2023). Chance oder Krise? – Mindset und Erwartungsmanagement richtig einsetzen. In P. Plugmann, C. Kastner, C. Jacob, & D. Hesmer (Hrsg.), *Innovative Unternehmensführung Erprobte Strategien, Techniken und Booster, die Unternehmen und Start-ups zukunftsfähig machen* (S. 401–411). Springer Fachmedien Wiesbaden GmbH.

Sendera, A., & Sendera, M. (2016). *Skills-Training bei Borderlineund Posttraumatischer Belastungsstörung.* Springer.

8
Experteninterviews

Zusammenfassung In diesem Kapitel lesen Sie von unterschiedlichen Personen aus der Wirtschaft. Es ist spannend zu sehen, wie das Thema Mindset von unterschiedlichen Experten beleuchtet wird. Aus der Praxis für die Praxis!

8.1 Rainer Bürkert

Rainer Bürkert ist Member of the Central Managing Board bei der Würth Group

Worin sehen Sie den Einfluss des statischen und dynamischen Mindsets bei Ihrer eigenen täglichen Arbeit?
Bürkert: Als Mitglied der Konzernführung der Würth-Gruppe habe ich jeden Tag mit vielen unterschiedlichen Menschen zu tun. Egal, ob es sich um Mitarbeiter*innen, Kunden, Lieferanten oder Personen aus dem öffentlichen Raum handelt, merkt man in einem Gespräch sehr schnell, ob die Person, mit der man es gerade zu tun hat, eher dem

statischen oder dem dynamischen Mindset zuzurechnen ist. Dementsprechend muss man seine Gesprächsstrategie einrichten.

Menschen mit einem eher statischen Mindset muss man abholen, man muss ihnen genau erklären, warum man etwas will und wie etwas zu erreichen ist. Man muss ihnen Beispiele aufzeigen, dass andere eine solche Aufgabe auch schon gemeistert haben, man muss Rückfallpositionen zur Verfügung stellen, um die Angst vor einem Versagen auszulöschen, man muss von vorneherein aufzeigen, dass man in Ausbildung und Unterstützung investieren wird. Kurz gesagt, die Person muss sich absolut sicher und wahrgenommen fühlen. Nur dann wird man erreichen, dass diejenige oder derjenige bereit ist, die Aufgabe zu übernehmen und diese dann auch durchzuführen.

Wenn aber so jemand einmal seine Aufgabe gestartet hat und merkt, dass er es kann, er die notwendige Unterstützung bekommt, wird die Durchführung meistens sehr genau, akkurat und präzise sein. Man muss deutlich weniger Kontrollaufwand investieren als bei einer Person mit dynamischem Mindset.

Worin sehen Sie den Einfluss des statischen und dynamischen Mindsets bei Ihrer Mitarbeiterführung?
Bürkert: Personen mit dynamischem Mindset sind im Allgemeinen relativ leicht zu begeistern. Grundsätzlich nehmen Sie für sich in Anspruch, alles lösen und erreichen zu können und sagen eher einmal zu viel „Ja" als zu wenig.

Absicherungsmaßnahmen, wie bei Personen mit statischem Mindset, müssen nicht explizit bei einem Erstgespräch erwähnt werden. Im Gegenteil ist das so, dass man diese bestehenden Schwächen herausarbeiten und dann gezielt im Vorfeld in Ausbildung investieren muss, bevor derjenige sich sofort an die Aufgabe heranmacht und dann Schiffbruch erleidet.

Während der Durchführung der Aufgabe muss man immer wieder Kontrollpunkte setzen, um festzustellen, ob die Person auch noch bei der Sache ist. Wenn man dies nicht tut, wird es so kommen, dass die dynamische Person auch noch in Gesprächen mit anderen Menschen „Ja" zu Aufgaben sagt, sich selbst überschätzt. Am Ende des Tages hat sie zu viele Aufgaben auf dem Tisch, somit verliert sie den Überblick, gewisse Dinge bleiben liegen oder werden nicht mit der notwendigen Akkuratesse erledigt.

Am Ende bedeutet es, diese Personen vor sich selbst zu schützen, die vorhandenen positiven Energien in die richtigen Bahnen zu lenken und damit zum Gesamterfolg beizutragen. Hat man dies einmal verstanden, kann man relativ einfach bei der Mitarbeiterführung selbst kontrollieren, welchen Ansatz man wählen muss, um die gewünschten Ergebnisse zu erreichen.

Worin sehen Sie den Einfluss des statischen und dynamischen Mindsets auf Ihre Unternehmenskultur?
Bürkert: Die Würth Unternehmenskultur bietet ein reiches Spielfeld für Menschen mit einem dynamischen Mindset. Würth ist geprägt durch die Suche nach neuen Ideen, dem Land hinter dem Horizont und einer unstillbaren Neugierde, was wir noch für unsere Kunden tun und verbessern könnten.

Gerade deshalb ist es wichtig, dass die Unternehmenskultur auch Menschen mit einem eher statischen Ansatz berücksichtigt und Hilfestellungen eingebaut sind, die diesen Menschen das Leben mit einem dynamischen Umfeld erleichtern.

Es ist wichtig, diesen Personen Halt zu bieten, die Sicherheit zu geben und auch jemanden der langsam, aber systematisch vorangeht, die Chance zu bieten, aufzusteigen, Karriere zu machen und sein Leben positiv innerhalb des Unternehmens zu entwickeln.

Dieser „Check and Balance" wird durch viele kleine Bausteine in der Unternehmenskultur gewährleistet.

Wie schaffen Sie es, ein dynamisches Mindset in Ihrem Verantwortungsbereich zu erreichen?
Bürkert: Um ein mehr dynamisches Mindset im Verantwortungsbereich zu erreichen ist es wichtig, selbst diese Dynamik auszustrahlen und bereit zu sein, Fehler zu akzeptieren, Menschen zu begleiten und zu analysieren, wo sie Hilfestellungen brauchen, aber auch möglichst große Freiräume im täglichen Miteinander einzuräumen.

Als Grundvoraussetzung hierbei kann die Anwendung des Auftragsprinzips angewendet werden, was bedeutet, dass man jemandem seine

Aufgabe exakt erklärt, mit ihm spricht, ob er alles verstanden hat. Man lässt ihm dann die Freiheit, diese Aufgabe frei mit Leben zu füllen und erst zum vereinbarten Zeitpunkt zurückzukommen und das Ergebnis zu präsentieren. Oder eben, wenn er mehr statischer Natur ist, diese Aufgabe in Teilschritten zu erledigen, diese zu präsentieren und sich immer wieder Hilfestellungen zu holen.

Diese Person wird dann lernen, in Zukunft mit größeren Freiheiten umzugehen, dadurch wird eine höhere Motivation, eine höhere Kreativität und eine höhere Bereitschaft erzeugt, um in Zukunft eigenen Ideenreichtum und den Drang nach vorne mit einzubringen. Dies alles führt zu mehr Spaß und einem verbesserten Klima im Unternehmen.

8.2 Dr. Thomas Stoffmehl

Dr. Thomas Stoffmehl ist Sprecher des Vorstands bei der Vorwerk SE & Co. KG.

Worin sehen Sie den Einfluss des statischen und dynamischen Mindsets bei Ihrer eigenen täglichen Arbeit?
Stoffmehl: Nach meiner Erfahrung ist das Mindset DER entscheidende Faktor, der über Erfolg oder Misserfolg entscheidet. In Zeiten einer ständigen Veränderung der unternehmerischen, auch geopolitischen Rahmenbedingungen muss ich in meiner Rolle als Vorstandssprecher „role model" sein für die richtigen und notwendigen Veränderungen im Unternehmen. Eine Kultur zu etablieren und weiterzuentwickeln, in der Veränderungen als Chance und stetiges Tun betrachtet werden, verlangt ein hohes Maß an Reflexion und guter Kommunikation in der Organisation. Dabei geht es darum, nur die relevanten Entwicklungen zu filtern und den Fokus auf Geschäftsmodell und Wertschöpfung stets zu schärfen.

Worin sehen Sie den Einfluss des statischen und dynamischen Mindsets bei Ihrer Mitarbeiterführung?
Stoffmehl: Heutzutage braucht man bei seinen Mitarbeiterinnen und Mitarbeitern sowie Führungskräften das nötige „Growth Mindset", das es gilt, kompromisslos zu fördern und zu fordern. Menschen stetig zu entwickeln,

zu befähigen und wertzuschätzen ist der differenzierende Faktor für die Mitarbeiterführung. Lebenslanges Lernen muss auch die Unternehmensleitung vorleben und am Ende bekommt jeder die Mitarbeiterinnen und Mitarbeiter, die man verdient. Davon bin ich zutiefst überzeugt.

Worin sehen Sie den Einfluss des statischen und dynamischen Mindsets auf Ihre Unternehmenskultur?
Stoffmehl: Die Art und Weise des Mindsets prägt die Unternehmenskultur maßgeblich. Deswegen kann man auch keine Veränderung der Unternehmenskultur verordnen, wenn man den Boden als Führungskraft dafür nicht bereitet.

Wie schaffen Sie es, ein dynamisches Mindset in Ihrem Verantwortungsbereich zu erreichen?
Stoffmehl: Durch konsequentes Vorleben, fördern und einfordern. Dabei kommt der Kommunikation eine herausragende Bedeutung zu, hier ist jede Führungskraft gefordert.

8.3 Claudia Volz

Claudia Volz ist Export Managerin bei der Rühle GmbH Grafenhausen

Worin sehen Sie den Einfluss des statischen und dynamischen Mindsets bei Ihrer eigenen täglichen Arbeit?
Volz: Der Grund, warum wir unsere Ziele häufig nicht erreichen, ist, dass sie zu klein sind. Ohne jegliche Inspiration. Ich liebe crazy Ziele, von denen ich keine Ahnung habe, wie ich sie erreichen kann. Das Potenzial jedes Menschen ist grenzenlos. Ich arbeite täglich an meinem dynamischen Mindset für ein bis zwei Stunden in der Früh. Es geht nicht um das Erreichen des Ziels, sondern wer ich auf dem Weg zu meinem Ziel werde. Wer bin ich, wenn ich das Ziel erreicht habe? Ich entwickle mich und hebe mein Bewusstseinslevel an. Alles entsteht zweimal: zuerst in der Vision eines Menschen, dann in der physischen Form. Das gilt für unsere Edelstahlmaschinen – die wir zuerst entwickeln, dann herstellen – genauso wie für meinen Umsatz.

„You can create your own economy" – dieser Satz eines Mentors hat mir vor Jahren in meiner 30-jährigen Vertriebskarriere zum Umdenken verholfen und mich in völlig andere Umsatzsphären katapultiert. Wir dürfen lernen, umzudenken, groß zu denken.

Worin sehen Sie den Einfluss des statischen und dynamischen Mindsets bei Ihrer Mitarbeiterführung?

Volz: Nehmen wir zwei Verkäufer einer Firma: Gleiches Produkt, gleicher Markt, gleicher Preis, gleicher Vorgesetzter und Support – doch beide performen sehr unterschiedlich. Außergewöhnliche Verkäufer sind nicht in erster Linie wegen ihres Wissens erfolgreich, sondern aufgrund dessen, WAS sie TUN und WIE sie es tun. Ich versuche herauszufinden, warum ein Mitarbeiter sich verhält, wie er sich verhält und nicht so, wie er sich verhalten will. Jeder spricht von Mindset, ändert jedoch nichts daran. Glaubenssätze sind wie ein Thermostat, der alles in unserem Leben regelt. Leider fummeln die Menschen immer am Thermometer (den Ergebnissen) herum und verstehen nicht, dass der Thermostat (ihr Mindset) die Stellschraube ist. Ein monetäres Ziel mag für den Verkäufer nicht inspirierend sein – was er sich mit seiner Provision ermöglichen könnte, allerdings schon. Dieser Wunsch, dieses Bild, muss in ihm entstehen. Wir denken in Bildern. Verkäufer, die € 100.000 im Jahr verdienen, verdienen das nicht, weil sie € 100.000 verdienen wollen. Sie verdienen € 100.000, weil sie nicht wissen, wie sie € 500.000 verdienen können.

Worin sehen Sie den Einfluss des statischen und dynamischen Mindsets auf Ihre Unternehmenskultur?

Volz: Mein Mindset führt dazu, dass entscheidende Stellen in meinem Unternehmen sich jetzt dafür öffnen und erkennen, dass bisherige Grenzen nicht in Stein gemeißelt sein müssen – und viel mehr machbar ist, als sie vorher jemals für möglich gehalten hätten.

Wie schaffen Sie es, ein dynamisches Mindset in Ihrem Verantwortungsbereich zu erreichen?

Volz: Noch mehr Verkaufstraining und Information ist nicht der Schlüssel. Unsere Verkäufer kennen ihr Produkt, sie haben ausreichend

Wissen angesammelt zu Gesprächsführung, Einwandbehandlung, usw. – aber sie tun nicht unbedingt das, wovon sie wissen, wie es geht. Je länger und je mehr wir lernen (und nicht umsetzen), desto größer wird diese WISSEN-TUN-LÜCKE. Es entwickeln sich Verhaltensmuster, die der Person selbst und dem Profit eines Unternehmens nicht dienlich sind. Unser TUN, unser Verhalten bestimmt die Ergebnisse, nicht unser Wissen. Zeit, umzudenken.

8.4 Daniel Hesmer

Daniel Hesmer ist Sales Director Central Europe bei der Walraven GmbH

Worin sehen Sie den Einfluss des statischen und dynamischen Mindsets bei Ihrer eigenen täglichen Arbeit?
Hesmer: Die Art und Weise, also mit welcher Einstellung ich Themen bearbeite, bestimmt letztendlich über Erfolg und Misserfolg. Ist das Glas „halb voll" oder „halb leer"? Sehe ich grundsätzlich Probleme oder Chancen?

Und genau hier kommt das Thema Mindset zum Tragen, denn mit einem statischen Mindset werde ich niemals meine vollen Potenziale ausschöpfen können. Ich würde mich grundsätzlich im Denken und Handeln limitieren.

Ein dynamisches Mindset schafft die optimalen Voraussetzungen, die nötige Offenheit im Denken und Handeln. So bin ich in der Lage zu wachsen, mich weiterzuentwickeln und Erfolge zu erzielen und am Ende auch zu feiern.

Gerade in Zeiten von starker Veränderung und volatilen Märkten, wie wir sie aktuell vorfinden, unterstützt mich mein dynamisches Mindset dabei, den nötigen Transformationsprozess im Unternehmen zu begleiten.

Worin sehen Sie den Einfluss des statischen und dynamischen Mindsets bei Ihrer Mitarbeiterführung?
Hesmer: Mein dynamisches Mindset hilft mir besonders, Mitarbeiter und Kollegen zu motivieren und anzuspornen, über den Tellerrand zu

schauen, Neues auszuprobieren und eine gewisse Aufbruchstimmung zu kreieren. Es unterstützt mich dabei, mich schwierigen und kniffeligen Situationen zu stellen und mich nicht in die Enge treiben zu lassen oder dabei die Ruhe zu verlieren.

Dinge dürfen nichts als fix und unverrückbar gesehen werden, es darf kein Stillstand entstehen.

Ich handle daher stets nach dem Motto: Ein gesagtes: *Geht nicht!* ist ein gedachtes: *Will nicht!*

Worin sehen Sie den Einfluss des statischen und dynamischen Mindsets auf Ihre Unternehmenskultur?
Hesmer: Das ist schnell und einfach beantwortet. Die Unternehmenskultur wird maßgeblich von dem WIE geprägt. Dazu gehört unter anderem auch die innere Einstellung, wie Mitarbeiter den tagtäglich Herausforderungen und Aufgabenstellungen begegnen. Offen und konstruktiv oder doch eher zurückhaltend und ablehnend gemäß dem Motto „Das haben wir schon immer so gemacht". Beides bestimmt unmittelbar die Unternehmenskultur und deren Ausprägung.

Um hier Veränderungen zu bewirken, ist es hauptsächlich an den Führungskräften, dafür die Rahmenbedingungen zu schaffen, sei es in der Organisationsstruktur, den Prozessen aber vor allem in der Führung der Mitarbeiter.

Wie schaffen Sie es, ein dynamisches Mindset in Ihrem Verantwortungsbereich zu erreichen?
Hesmer: Für mich bedeutet Führung vor allem Wertschätzung und Feedback und genau das sind die beiden Dinge, die am Ende dazu führen können, bei Mitarbeitern mehr dynamisches Mindset aufzubauen. Lob und Anerkennung für erreichte Ziele und für Durchhaltevermögen sind dabei ganz besonders wichtig. Die Wertschätzung und das Lob müssen spürbar und ehrlich sein.

Hierbei hilft es meiner Meinung nach besonders, gezielt Perspektivwechsel vorzunehmen und in einem Dialog an den inneren Blockaden zu arbeiten, die ein dynamisches Mindset unterdrücken.

Mindset ist sicherlich viel Kopfsache, aber als Führungskräfte sind wir genau hier gefordert, für Strukturen und Prozesse zu sorgen, die eine offene und dynamische Denk- und Handlungsweise fördern. Daran gilt es zu arbeiten und dies umzusetzen.

8.5 Christian Kastner

Christian Kastner ist Sales Director bei der VAUTID GmbH

Worin sehen Sie den Einfluss des statischen und dynamischen Mindsets bei Ihrer eigenen täglichen Arbeit?
Kastner: Als Vertriebsleiter mit 20 + Berufspraxis, ist das Mindset ein entscheidender Faktor für Erfolg oder Misserfolg eines Verkäufers. Dies betrifft insbesondere den Bereich der Möglichkeiten:

Was kann ich? Die meisten Menschen bleiben weit unter ihren Möglichkeiten, sowohl in ihrer persönlichen Entwicklung als auch in ihrer Karriere. Dies hängt mit verschiedenen Faktoren zusammen, wie z. B. der Erziehung, dem Fehlen von erstrebenswerten Vorbildern in der Familie und/oder im Bekanntenkreis, negativen Erfahrungen (Rückschlägen) etc.

Wer bin ich? Unklarheit in Bezug auf die eigene Rolle limitieren mich, meinem Gegenüber (Kunde, Mitarbeiter, Vorgesetzten) authentisch zu begegnen.

Wachstum – wie möchte ich mich weiterentwickeln? Was ist möglich? Hier kann z. B. ein Coach oder Mentor helfen, langfristige Entwicklungspotenziale aufzuzeigen und den Mitarbeiter bei der Umsetzung zu begleiten.

Preisgestaltung – Welche Preise können beim Kunden durchgesetzt werden? Oft sind viel bessere Preise möglich, es scheitert aber an der Vorstellung (und der eingeholten Information) des Mitarbeiters, diese selbstbewusst ins Spiel zu bringen und entsprechend durchzusetzen.

Angebote – Verkaufsmitarbeiter denken oft für den Kunden, aber nicht in seinem Sinn: „as braucht der Kunde doch nicht", „das funktioniert so nicht", „das wird in der Branche nicht akzeptiert" – hier ist der Vorgesetzte gefragt, beharrlich mit an der Umsetzung und Auflösung der limitierenden Glaubenssätze zu arbeiten.

Limits – Das Sprichwort „The sky is the limit" ist meiner Meinung nach falsch. Richtiger wäre „My mind is my limit", denn wenn ich es mir nicht vorstellen kann, ist es schwierig, Neues anzugehen und auszuprobieren.

Worin sehen Sie den Einfluss des statischen und dynamischen Mindsets bei Ihrer Mitarbeiterführung?
Kastner: Vorstellungskraft bezüglich meiner Möglichkeiten, den Möglichkeiten meiner Produkte und den Möglichkeiten meiner Mitarbeiter. Eine Sache, die ich in der COVID-19-Krise gelernt habe, ist, dass in allen Bereichen sehr viel mehr möglich ist. Chancen und Schwierigkeiten sind vorhanden. Ich muss mich täglich selbst herausfordern (und manchmal überwinden), Dinge auszuprobieren und nicht als gegeben anzusehen (= Growth Mindset).

Worin sehen Sie den Einfluss des statischen und dynamischen Mindsets auf Ihre Unternehmenskultur?
Kastner: Leider herrscht in vielen Firmen immer noch eine Fehlerkultur, d. h., Mitarbeiter werden für Fehler bestraft, und nicht ermutigt, kalkulierbare Risiken einzugehen.

Es wird zu wenig Platz für Mitarbeiterentwicklung eingeräumt, d. h., Vorgesetzte sind oft zu stark in administrative Aufgaben eingebunden statt am eigenen Mindset, dem Mindset des Mitarbeiters und den Potenzialen zu arbeiten.

Wie schaffen Sie es, ein dynamisches Mindset in Ihrem Verantwortungsbereich zu erreichen?
Kastner: Ich bin sehr dankbar für meine persönliche Entwicklung in den letzten Jahren, wo ich immer größere Barrieren überwinden konnte. Ich arbeite bewusst an meinem Mindset und versuche das auch mit den Zielen meiner Mitarbeiter zu tun. Gemeinsam erarbeiten wir Wachstumsbereiche. Eine Hilfe ist z. B. ein Erfolgs-Journal, wo man Erfolge und Herausforderungen aufschreibt. Wenn man regelmäßig

die Aufzeichnungen liest, sieht man, wie man Hindernisse und Limitationen überwunden hat. Das gibt neue Power für die Zukunft.

8.6 Simon Holzwarth

Simon Holzwarth ist als Account Manager Automotiv tätig

Worin sehen Sie den Einfluss des statischen und dynamischen Mindsets bei Ihrer eigenen täglichen Arbeit?
Holzwarth: In meiner Tätigkeit als Account Manager Automotiv herrscht ein starkes Wettbewerbsumfeld. Unsere Kunden beschäftigen sich in der aktuellen Zeit stark mit dem fortschreitenden Wechsel vom Verbrennungsmotor zur Elektromobilität. Dadurch haben unsere Kunden neue Anforderungen an die Lösungen aus dem Produktportfolio. Bestehende Lösungen können nur noch teilweise eingesetzt werden. Deshalb muss das Produktportfolio und die Marktansprache jeden Tag aufs Neue geprüft werden. Hier gilt es, sich den Anforderungen der Kunden anzupassen und entsprechend weiterzuentwickeln.

Anforderungen von meinen Kunden sehe ich daher als Chance und weniger als Risiko, da dies eine Möglichkeit ist, sich vom Wettbewerb abzusetzen (USP). Manchmal gibt es auch keine schnelle Lösung und die Umsetzung kann einige Monate dauern. Für mich ist jedoch das oberste Ziel, dem Kunden einen langfristigen Mehrwert zu bieten, sodass dieser dauerhaft vom Unternehmen und unseren Lösungen und Leistungen überzeugt ist.

Worin sehen Sie den Einfluss des statischen und dynamischen Mindsets bei Ihrem Umgang mit Kollegen?
Holzwarth: Eine offene, direkte und klare Kommunikation sehe ich zwischen Kollegen und Vorgesetzten als sehr wertvoll an. Kollegen, welche ein eher statisches Mindset haben, benötigen eine intensivere Betreuung. Hier hilft mir im Alltag das eine oder andere Telefonat, um den Status oder auftretende Probleme während eines Projekts zu spezifizieren und Lösungen anzubieten. Dies ist mir besonders wichtig, um

den Kollegen eine Wertschätzung und Sicherheit in ihrer täglichen Arbeit zu geben. Ein weiterer Mehrwert der Kommunikation ist die Sicherstellung eines positiven Projektverlaufs im Sinne des Kunden.

Worin sehen Sie den Einfluss des statischen und dynamischen Mindsets auf Ihre Unternehmenskultur?

Holzwarth: In unserer Vertriebsorganisation haben wir ein dynamisches Unternehmensmindset. Wir haben einen hohen Grad an Freiheit, unsere tägliche Arbeit zu gestalten. Trotz der vorgegebenen Strategie des Unternehmens können wir als Accountmanager unsere Zielkunden frei definieren. Ich finde diese Herangehensweise speziell im Vertrieb sehr wertvoll, da der Mitarbeiter im Außendienst den kürzesten Draht zum Kunden hat. Langfristige Ziele und Ambitionen des Unternehmens können aus meiner Sicht daher nur mit dieser Vorgehensweise umgesetzt werden.

Die Duzkultur in unserem Unternehmen ermöglicht es zudem, frei und offen über Hierarchiestufen hinweg zu kommunizieren.

Wie schaffen Sie es, ein dynamisches Mindset in Ihrem Verantwortungsbereich zu erreichen?

Holzwarth: Das Ziel meines Vorgesetzten ist es, mich zu fördern und dadurch meine Arbeit zu verbessern. Für mich ist das die ideale Mitarbeiterbetreuung, um das Maximum aus einem Team herauszuholen. Durch die Wertschätzung, das Fordern und Fördern fühlt sich der Mitarbeiter gebraucht, gleichzeitig in seiner Art aber auch wertgeschätzt.

8.7 Ansgar Thilmann

Ansgar Thilmann ist Geschäftsführer und kaufmännischer Leiter bei HCP Sense GmbH

Worin sehen Sie den Einfluss des statischen und dynamischen Mindsets bei Ihrer eigenen täglichen Arbeit?

Thilmann: Bei der Zielsetzung. Auch wenn es um die Ziele des eigenen Unternehmens geht, aber vor allem bei der Zielereflexion in

Kundenprojekten. Unser Produkt besteht bisher noch ausschließlich aus kundenindividuellen Prototypen in kleinen Stückzahlen, also Projektgeschäft. Ich bin für den Vertrieb zuständig und wir haben die Schnittstelle zum Projektmanagement überlappend gewählt, sodass das Angebot für den Kunden gemeinsam mit Vertrieb und Projektmanagement erstellt wird. Hierbei ist es uns immer sehr wichtig, sowohl unsere als auch die Kundenziele bestmöglich zu verstehen und sie auch zu formulieren. Dabei stehen wir öfter vor der Herausforderung, zwischen verschiedenen Mindsets „übersetzen" zu müssen. Gelingt uns dies, ist der Einfluss der verschiedenen Mindsets in meinen Augen sehr positiv, da so verschiedene Blickwinkel neue Perspektiven eröffnen. Schlägt die Übersetzung jedoch fehl, entsteht viel Unverständnis und wir müssen achtgeben, dass hieraus kein Missmut wird. Deshalb ist in meinen Augen das Verständnis über verschiedene Mindsets sehr wichtig, um das volle Mitarbeiterpotenzial auszuschöpfen.

Worin sehen Sie den Einfluss des statischen und dynamischen Mindsets bei Ihrer Mitarbeiterführung?
Thilmann: Wie zuvor beschrieben sehe ich mich hier oft in einer Übersetzerrolle. Ich denke, es ist wichtig zu akzeptieren, dass ich keine Änderung im Mindset erzwingen kann. Im Gegenteil, es kann in meinen Augen nur vorgelebt werden. Die Ansteckungswirkung scheint hier am größten, wenn es wirklich tief verankert ist. Wichtig ist mir, offen im Team mit dem Thema umzugehen. Wir versuchen, eine Atmosphäre zu schaffen, in der niemand das Gefühl hat, seine Glaubenssätze verstecken zu müssen (auch wenn sie von anderen abweichen). Als Geschäftsführer sind wir hier in meinen Augen gefragt, nicht nur die Plattform zu schaffen, sondern sie auch zu füllen; hierbei meine ich, auch den Mitarbeitern zu öffnen, welches Mindset man zu einem Thema hat und welche Gründe es eventuell dafür gibt.

Worin sehen Sie den Einfluss des statischen und dynamischen Mindsets auf Ihre Unternehmenskultur?
Thilmann: Ich sehe die Welt zwischen statisch und dynamisch nicht in Schwarzweiß, sondern bunt. Es gibt zwar auch einfarbige, sehr schöne Kunstwerke – aber die Mehrheit bedient sich doch vieler Farben.

Unsere Unternehmenskultur ist, was das angeht, auch sehr bunt, so kann jeder seine Stärken entfalten und keiner muss Angst haben, für seine Schwächen verurteilt zu werden.
Wie schaffen Sie es, ein dynamisches Mindset in Ihrem Verantwortungsbereich zu erreichen?
Thilmann: Vorleben ist das erste, was mir hier einfällt. Ansonsten ermuntern, sich mit dem Thema Mindset näher zu befassen. Meine Erfahrung ist, dass es auch wichtig ist, Kritik am dynamischen Mindset zuzulassen, offen für Diskussionen zu sein und nichts zu erzwingen – irgendwann springt ein Funke über.

8.8 Lucas Pedretti

Lucas Pedretti ist Unternehmer und Inhaber der Qymatix Solutions GmbH

Worin sehen Sie den Einfluss des statischen und dynamischen Mindsets bei Ihrer eigenen täglichen Arbeit?
Pedretti: Ich sehe den Einfluss des statischen und dynamischen Mindsets in meiner täglichen Arbeit in mindestens drei sich wiederholenden Tatsachen.

Da der Vertrieb immer wichtiger wird und die Technologie sich ständig weiterentwickelt, sehe ich, dass die besten Vertriebsteams schnell vorankommen, wenn sie lernen, wie sie Innovationen in ihre Arbeit integrieren können. Diese Fähigkeit spielt selbstverständlich eine einschneidende Rolle für den Erfolg eines Unternehmens.

Außerdem wird der B2B-Vertrieb immer digitaler. Dieser Zuwachs an digitalen Fähigkeiten und Prozessen ist nur mit einem hohen Maß an Verbesserung und persönlicher Entwicklung zu bewältigen. Nur dynamisch denkende Vertriebsmitarbeiter können mit diesem Tempo des Wandels Schritt halten.

Schließlich ist in einer dynamischen Denkweise jeder Misserfolg und jede Frustration eine Chance zu lernen und sich zu verbessern. Z. B. verbessern wir ständig unser Produkt, unsere Marketing-Kommunikation und unsere Ergebnisse mit Kunden. Wir streben danach, die beste

Lösung für unsere Kunden und Interessenten zu finden, was nur möglich ist, wenn man auf eine dynamische Denkweise setzt.

Worin sehen Sie den Einfluss des statischen und dynamischen Mindsets bei Ihrem Umgang mit Kollegen?
Pedretti: Es gibt drei Dinge, die ich als Einfluss der statischen und dynamischen Mentalität in meinem Umgang mit Kollegen sehe.

Erstens Ich führe eine flache Hierarchie und bin auf die Zusammenarbeit mit mehreren Partnern und Akteuren angewiesen. Ich gehe davon aus, dass ich eine enorme Entfaltungsmöglichkeit habe, auch ohne disziplinarische Einflussnahme.

Zweitens befinden wir uns auf einem wachsenden, innovativen Markt, und wir müssen mit Partnern zusammenarbeiten, die jeden Tag besser werden wollen, um die Ergebnisse zu verbessern. Dies ist nur mit einer dynamischen Denkweise möglich.

Drittens versuche ich als Geschäftsführer eines Bootstrapped-Start-ups, nicht im Rampenlicht zu stehen, sondern die Kollegen dazu zu bringen, sich und andere zu verbessern.

Worin sehen Sie den Einfluss des statischen und dynamischen Mindsets auf Ihre Unternehmenskultur?
Pedretti: Ich kann den starken Einfluss eines dynamischen Mindsets in unserer Unternehmenskultur in unserer Unternehmensmotivation, Innovation und Lernkultur sehen.

Als Team fühlen wir uns stark motiviert, neue Wege zur Lösung der Probleme unserer Kunden zu finden, unsere Software und unsere Kommunikation zu verbessern.

Wir müssen offen sein für neue Ideen, Konzepte und Methoden. Künstliche Intelligenz im Vertrieb entwickelt sich ständig weiter, und Veränderungen sind ein Teil davon.

Wir haben ein starkes „Learning by Doing", fast beiläufig. Wir versuchen, Probleme zunächst selbst zu lösen, bevor wir uns mit Partnern zusammenschließen.

Wie schaffen Sie es, ein dynamisches Mindset in Ihrem Verantwortungsbereich zu erreichen?
Pedretti: Als Gründer und Geschäftsführer fange ich ganz vorne an: Ich stelle Menschen mit einem dynamischen Mindset ein. Ich suche nach Bewerbern, die dies mit Beispielen aus der Vergangenheit belegen können.

Ich war nicht immer in der Lage, die Leute einzustellen, mit denen ich arbeiten wollte. In diesen Fällen habe ich im Laufe meiner Karriere zwei Maßnahmen ergriffen, um eine dynamischere Denkweise in meinem Verantwortungsbereich zu erreichen (und tue es immer noch): coachen und lernen. Coachen Sie Ihre Kollegen und Mitarbeiter, damit sie herausfinden können, was ihre Denkweise ist, und diese an diejenige anpassen können, die am besten zu ihrer aktuellen Situation passt. Indem Sie von jedem Ihrer Kollegen und Mitarbeiter lernen, zeigen Sie ihnen, dass Sie auf ihren Beitrag und ihre Fähigkeiten vertrauen und dass auch Sie eine dynamischere Denkweise anstreben.

8.9 Jürgen Metzger

Jürgen Metzger war Preismanager in einem großen Handelsunternehmen

Worin sehen Sie den Einfluss des statischen und dynamischen Mindsets bei Ihrer eigenen täglichen Arbeit?
Metzger: Es hat einen enormen Einfluss darauf, wie ich an die Preisgestaltung und in Preisverhandlungen gehe.

Die einen Vertriebsmitarbeiter begeistern Preisverhandlungen, weil sie es als Königsdisziplin des Vertriebs betrachten. Sie definieren sich dadurch, dass Sie das Beste für „ihre" Firma herausholen möchten, jedoch ohne den Kunden zu überfordern oder zu übervorteilen. Das ist ein wichtiger Aspekt. Sie kennen den Markt, sie kennen ihre Wettbewerber, Sie wissen, welche Preise bei welchen Märkten in welchen Mengen erzielbar sind. Sie können mit Fakten beim Kunden argumentieren und werden als fairer Partner geschätzt. Sie begeistern ihre Kunden.

Das andere Extrem sind die Vertriebsmitarbeiter, die in Preisverhandlungen zuerst daran denken, dass der Kunde die Preise einfach ablehnt oder nicht akzeptiert. Sie haben Angst, einen Auftrag zu verlieren, und geben lieber zum Nachteil der eigenen Firma nach, um beim Kunden gut dazustehen.

Mit diesem Gefühl gehen sie in Verhandlungen und kämpfen weniger für die eigene Firma und für den für die eigene Firma notwendigen Rohertrag. Oft wird noch versucht, über andere Kompensationen Preiserhöhungen oder Anpassungen zu umgehen, mit dem Ergebnis, dass es ein oder zwei Jahre später unumgänglich wird, die Preise wesentlich stärker zu erhöhen oder anzupassen. Dann besteht wirklich Gefahr, einen Kunden zu verlieren.

In den vielen Jahren habe ich gelernt und erfahren, dass über Preise mehr intern als mit dem Kunden gesprochen wird. Natürlich muss verhandelt werden, aber ist der Kunde insgesamt zufrieden mit der Leistung, so sind auch Preisanpassungen oder Preisverhandlungen ein Thema wie jedes andere Thema auch. Wichtig ist auch, dass die Preise mindestens jährlich mit Kunden besprochen werden, dass dieses Thema ritualisiert wird. Dann wird es relativ schnell zu einem Routinethema. Ausnahmen sind natürlich dynamische Marktentwicklungen wie wir diese momentan erleben. Kein Kunde wird, wenn er grundsätzlich zufrieden mit der Leistung ist, so schnell wechseln. Auch für den Kunden bestehen bei einem Wechsel große Risiken.

Worin sehen Sie den Einfluss des statischen und dynamischen Mindsets bei Ihrer Mitarbeiterführung?
Metzger: Ich muss mich als Vorgesetzter ständig den Veränderungen anpassen.

Ich möchte es an einigen Beispielen erklären. Als ich in meiner letzten Firma vor fast 40 Jahren angefangen habe, gab es zwar schon EDV, aber vieles musste noch per Hand erledigt werden. Heute hat sich nicht nur die Arbeitsweise, sondern auch die Kommunikation völlig verändert. Die technischen Hilfsmittel wie Smartphone usw. sind heute aus dem Alltag nicht mehr wegzudenken. Auf solche neuen Kommunikationsformen muss ich mich als Vorgesetzter einstellen. Die Mitarbeiterinnen und Mitarbeiter sind heute besser informiert, da

Informationen 24 h 7 Tage überall auf der Welt zugänglich sind. Die Mitarbeiterinnen und Mitarbeiter heute müssen auch in Entscheidungsprozesse mit einbezogen werden. Sie wollen informiert werden, das erspart auch hinterher Diskussionen.

Ein weiteres Beispiel: Die Arbeitsbedingungen selbst haben sich komplett verändert. War es früher kaum möglich, in Teilzeit zu arbeiten, sollte das heute völlig normal sein. Die Frage ist: Wie stehe ich als Vorgesetzter zu diesen Möglichkeiten? Sehe ich darin die Chance und Möglichkeiten, die Mitarbeiterinnen und Mitarbeiter fester an die Firma zu binden, sehe ich, dass diese selbst bei nur 15 oder 20 % Teilzeitgrad z. B. bei Frauen nach der Elternzeit, das enorme Potenzial für die Zukunft meiner Firma haben? Ich selbst habe damit nur die besten Erfahrungen gemacht. Diese Mitarbeiterinnen und Mitarbeiter bleiben auf dem aktuellen Stand und können stufenweise wieder ohne Einarbeitung die Arbeitszeit aufstocken, ob mit Homeoffice oder am Arbeitsplatz oder kombiniert.

Sehe ich in einer solchen Entwicklung nur zusätzliche Aufgaben, zusätzliche Organisation, unnötige Veränderung und vieles mehr, so werden die Mitarbeiter über kurz oder lang das Unternehmen verlassen, dann habe ich aber nichts gewonnen, sondern nur verloren.

Worin sehen Sie den Einfluss des statischen und dynamischen Mindsets auf Ihre Unternehmenskultur?
Metzger: Das hat aus meiner Sicht einen elementaren Einfluss. In den obigen Fragen habe ich schon ein paar Aspekte angesprochen. Möchte ich möglichst wenig verändern oder bin ich offen für die Zukunft und für neue Wege?

Ich durfte die Erfahrung machen, dass Fehler gemacht werden durften, dass auch einmal „verrückte Ideen oder völlig andere Wege" versucht wurden. Das hält ein Unternehmen jung, spannend, fröhlich und dynamisch. Das zeigt den Mitarbeiterinnen und Mitarbeitern: Ja, ich darf auch Fehler machen, ohne dass mir gleich der Kopf abgerissen wird. Mir war es nur wichtig, Fehler, wenn sie passieren, nicht zu vertuschen, sondern offen anzusprechen. Jedem, dem ein Fehler passiert ist und der danach zu mir gekommen ist, dem habe ich geholfen, diesen zu

korrigieren. Das gab den Mitarbeiterinnen und Mitarbeitern Sicherheit und Vertrauen.
Wichtig ist auch dass ich „Querdenker" zulasse, die eine völlige andere Sicht der Dinge haben können, das hilft eingefahrene Wege auch einmal infrage zu stellen. Wobei querdenken heute leider negativ besetzt ist. Ich hoffe aber, ich werde hier richtig verstanden.

Wie schaffen Sie es, ein dynamisches Mindset in Ihrem Verantwortungsbereich zu erreichen?
Metzger: Indem ich mit den Mitarbeiterinnen und Mitarbeitern einen regelmäßigen Austausch führe, mindestens zweimal im Jahr ein Personalgespräch, mit ihnen darüber rede, was gut ist und was verbessert werden sollte. Indem ich sie wertschätze und es ihnen zeige. Indem ich sie in Entscheidungsprozesse mit einbeziehe und sie auch darüber informiere, was die nächsten Jahre geplant ist. Es hilft auch sehr viel, sich als Vorgesetzter einfach einmal einen oder auch nur einen halben Tag neben einen Mitarbeiter zu setzen, um einmal das Tagesgeschäft zu sehen. Nicht als Kontrolle, sondern als Wertschätzung für den Mitarbeiter. „Mein Chef nimmt sich Zeit für mich."

Nachwort

Vertrieb wird immer etwas mit Menschen zu tun haben. Die Rolle des Menschen im Vertriebsprozess wird sich ändern. Das war in der Vergangenheit so und wird auch in der Zukunft so sein. Ein dynamisches Mindset wird ein entscheidender, wenn nicht sogar *der* entscheidende Faktor sein. Gestalten Sie die Zukunft aktiv mit!

Sie müssen im Vertrieb oft in Vorleistung gehen. Die Erwartungshaltung der Kunden wird zunehmen.

Abschließen möchte ich mit einem Zitat aus der Bibel Lukas, Kap. 6, Vers 31:

Behandle die Menschen so,
wie du auch von Ihnen behandelt werden möchtest.

Dieser Vers ist für mich als Christ persönlich besonders wichtig. Wohlwissend, dass dieser Vers aus der Bibel in die Tat umzusetzen manchmal richtig schwer sein kann. Gott zeigt uns in der Bibel, wie wir das bestmögliche dynamische Mindset bekommen können. Er befreit uns von Leistungsdruck und stellt uns ein Ziel mit Ewigkeitscharakter vor Augen, welches alle Veränderungen überdauern wird.

Made in the USA
Monee, IL
03 May 2026

49438556R00108